Programas de autonomía e higiene personal, a realizar en el comedor escolar con un ACNEE

Alejandra Labella Vallejo

ic editorial

Programas de autonomía e higiene personal, a realizar en el comedor escolar con un ACNEE

1ª Edición

Editado por: IC Editorial
c/ Cueva de Viera, 2, Local 3
Centro Negocios CADI
29200 Antequera (Málaga)
Teléfono: 952 70 60 04
Fax: 952 84 55 03
Correo electrónico: iceditorial@iceditorial.com
Internet: www.iceditorial.com

ISBN: 978-84-1184-445-1
Depósito Legal: MA 2561-2024

Impresión: PODiPrint
Impreso en Andalucía – España

Nota de la editorial: IC Editorial pertenece a Innovación y Cualificación S. L.

Presentación del manual

El **Certificado de Profesionalidad** es el instrumento de acreditación, en el ámbito de la Administración laboral, de las cualificaciones profesionales del Catálogo Nacional de Cualificaciones Profesionales adquiridas a través de procesos formativos o del proceso de reconocimiento de la experiencia laboral y de vías no formales de formación.

El elemento mínimo acreditable es la **Unidad de Competencia.** La suma de las acreditaciones de las unidades de competencia conforma la acreditación de la competencia general.

Una **Unidad de Competencia** se define como una agrupación de tareas productivas específica que realiza el profesional. Las diferentes unidades de competencia de un certificado de profesionalidad conforman la **Competencia General,** definiendo el conjunto de conocimientos y capacidades que permiten el ejercicio de una actividad profesional determinada.

Cada **Unidad de Competencia** lleva asociado un **Módulo Formativo,** donde se describe la formación necesaria para adquirir esa **Unidad de Competencia,** pudiendo dividirse en **Unidades Formativas.**

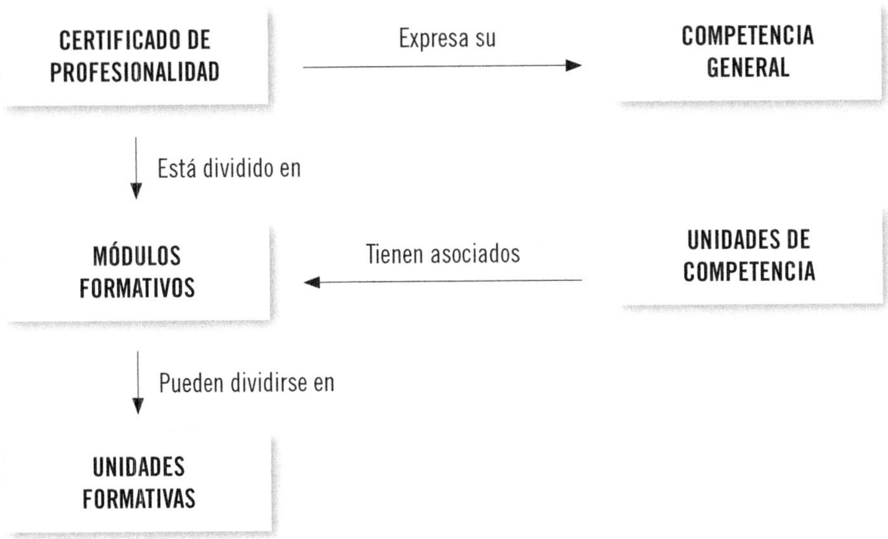

El presente manual desarrolla la Unidad Formativa **UF2421: Programas de autonomía e higiene personal, a realizar en el comedor escolar con un ACNEE,**

perteneciente al Módulo Formativo **MF1430_3 Hábitos y autonomía en la alimentación del alumnado con necesidades educativas especiales (ACNEE), en el comedor escolar,**

asociado a la unidad de competencia **UC1430_3 Atender al alumnado con necesidades educativas especiales (ACNEE) en el comedor escolar, participando con el equipo interdisciplinar del centro educativo en la implementación de los programas de hábitos de alimentación,**

del Certificado de Profesionalidad **Atención al alumnado con necesidades educativas especiales (ACNEE) en centros educativos.**

MF1430_3

Hábitos y autonomía en la alimentación del alumnado con necesidades educativas especiales (ACNEE), en el comedor escolar

Tiene asociado el

UNIDAD DE COMPETENCIA UC1430_3

Atender al alumnado con necesidades educativas especiales (ACNEE) en el comedor escolar, participando con el equipo interdisciplinar del centro educativo en la implementación de los programas de hábitos de alimentación

Compuesto de las siguientes **UNIDADES FORMATIVAS**

UF2277
Aplicación de los Sistemas Alternativos y aumentativos de comunicación

UF2421
Programas de autonomía e higiene personal, a realizar en el comedor escolar con un ACNEE

UNIDAD FORMATIVA DESARROLLADA EN ESTE MANUAL

FICHA DE CERTIFICADO DE PROFESIONALIDAD

(SSCE0112) ATENCIÓN AL ALUMNADO CON NECESIDADES EDUCATIVAS ESPECIALES (ACNEE) EN CENTROS EDUCATIVOS (R. D. 625/2013, de 2 de agosto)

COMPETENCIA GENERAL: Acompañar al alumnado con necesidades educativas especiales (ACNEE) tanto en los desplazamientos, como en la realización de las actividades relacionadas con los programas de autonomía personal e higiene y de enseñanza-aprendizaje, durante el periodo escolar, utilizando metodología, técnicas y recursos, bajo la supervisión del equipo interdisciplinar del centro educativo, para satisfacer las necesidades básicas de aseo, alimentación y descanso del ACNEE, procurando su autonomía y garantizando la seguridad del mismo, cumpliendo con la normativa aplicable en los centros educativos.

Cualificación profesional de referencia	Unidades de competencia		Ocupaciones o puestos de trabajo relacionados:
SSC444_3 ATENCIÓN AL ALUMNADO CON NECESIDADES EDUCATIVAS ESPECIALES (ACNEE) EN CENTROS EDUCATIVOS (R. D. 1096/2011, de 22 de julio)	UC1426_3	Acompañar al alumnado con necesidades educativas especiales (ACNEE) en los desplazamientos internos en el centro educativo	• Auxiliar Técnico/a Educativo/a • Ayudante Técnico/a Educativo/a • Especialista de Apoyo Educativo • Educador/a de Educación Especial • Integrador/a social
	UC1427_3	Ejecutar, en colaboración con el tutor/a y/o con el equipo interdisciplinar del centro educativo, los programas educativos del alumnado con necesidades educativas especiales (ACNEE) en su aula de referencia	
	UC1428_3	Implementar los programas de autonomía e higiene personal en el aseo del alumnado con necesidades educativas especiales (ACNEE), participando con el equipo interdisciplinar del centro educativo	
	UC1429_3	Atender y vigilar en la actividad de recreo al alumnado con necesidades educativas especiales (ACNEE), participando junto a el/la tutor/a en el desarrollo tanto de los programas de autonomía social como en los programas de actividades lúdicas	
	UC1430_3	Atender al alumnado con necesidades educativas especiales (ACNEE) en el comedor escolar, participando con el equipo interdisciplinar del centro educativo en la implementación de los programas de hábitos de alimentación	

Correspondencia con el Catálogo Modular de Formación Profesional		
Módulos certificado	Unidades formativas	Horas
MF1426_3: Aplicación técnica de movilidad, orientación y deambulación en los desplazamientos internos por el centro educativo del alumnado con necesidades educativas especiales (ACNEE)	UF2277: Aplicación de los Sistemas Alternativos y aumentativos de comunicación	30
	UF2416: Utilización de las técnicas de movilidad en desplazamientos internos por el centro educativo del ACNEE	70
MF1427_3: Participación en los programas de enseñanza-aprendizaje en el aula de referencia del alumnado con necesidades educativas especiales (ACNEE)	UF2277: Aplicación de los Sistemas Alternativos y aumentativos de comunicación	30
	UF2417: Aplicación de los programas de habilidades de autonomía personal y social del alumnado con necesidades educativas especiales	50
	UF2418: Actividades complementarias y de descanso del alumnado con necesidades educativas especiales	70
MF1428_3: Autonomía e higiene personal en el aseo del alumnado con necesidades educativas especiales	UF2277: Aplicación de los Sistemas Alternativos y aumentativos de comunicación	30
	UF2419: Programas de autonomía e higiene en el aseo personal del ACNEE	70
MF1429_3: Atención y vigilancia en la actividad del recreo del alumnado con necesidades educativas especiales	UF2277: Aplicación de los Sistemas Alternativos y aumentativos de comunicación	30
	UF2420: Programas de actividad lúdica en el recreo	90
MF1430_3: Hábitos y autonomía en la alimentación del alumnado con necesidades educativas especiales (ACNEE), en el comedor escolar	UF2277: Aplicación de los Sistemas Alternativos y aumentativos de comunicación	30
	UF2421: Programas de autonomía e higiene personal, a realizar en el comedor escolar con un ACNEE	40
	UF2422: Programas de adquisición de hábitos de alimentación y autonomía de un ACNEE que se realizan en un comedor escolar	50
MP0503: Módulo de prácticas profesionales no laborales		80

Índice

Capítulo 1

Programas de autonomía e higiene personal de un ACNEE en el comedor escolar

Contenido

1. Introducción

Las personas con discapacidad tienen que vivir en una sociedad diversa y se enfrentan a un mundo de barreras arquitectónicas que les dificulta el acceso a la información y las diferentes situaciones de la vida diaria. De ahí la importancia de que la escuela les proporcione las medidas necesarias para eliminar dichas barreras, mediante los recursos materiales y personales específicos que les sean necesarios.

Dentro de dichas necesidades se enmarcan las que presenta el alumnado para seguir el currículo, como es el ACNEE (alumnado con necesidades educativas especiales) derivadas de la discapacidad física, psíquica, sensoria; por proceder de otros países e incorporarse de forma tardía al sistema educativo; por presentar altas capacidades intelectuales o por vivir en situaciones de riesgo social. Dicho concepto es recogido por la Ley Orgánica 3/2020, de 29 de diciembre, de Educación.

Entre las medidas a llevar a cabo con este alumnado se encuentran los programas de autonomía e higiene personal en el comedor escolar para dar una respuesta integral a las distintas necesidades que presentan.

2. Programa de lavado de manos

En este capítulo se hablará de los distintos programas de lavado de manos a llevar a cabo con el ACNEE, así como las rutinas que necesitan para una adecuada autonomía en los comedores escolares a través de los distintos sistemas visuales de apoyo.

Los programas de lavado de manos están incluidos dentro de los programas de autonomía e higiene personal para el ACNEE. Antes de exponer las características de este programa, es necesario saber por qué se lleva a cabo, quién lo realiza, a quién va dirigido y cómo se efectúa este programa.

Definición

Autonomía

Es aquella capacidad que tiene una persona para realizar una acción sin depender de alguien.

2.1. ¿Por qué?

Los programas que a continuación se detallan constituyen un conjunto de actuaciones que pretenden influir en la conducta del niño/a y/o modificar el comportamiento, por tanto, esta es la finalidad última, bien sea por su exceso o por su defecto.

Para elaborar un programa de este tipo, hay que tener en cuenta las necesidades del alumnado, las cuales han sido detectadas con la realización de la evaluación psicopedagógica.

A la hora de llevar a cabo un programa de este tipo para el ACNEE, algunas de las necesidades a tener en cuenta son las relacionadas con las capacidades básicas.

Las necesidades relacionadas con el **ámbito psicomotor** son las siguientes:

- **Necesidad de interiorizar su esquema corporal.** Deben conocer sus partes del cuerpo para hacer un uso adecuado de cubiertos y utensilios de comedor. Así como conocer las partes de su cuerpo para usar el WC, lavarse las manos, cara y dientes.
- **Necesidad de adquirir un control postural y marcha adecuados.** Para adquirir una postura correcta en la silla y caminar de forma autónoma hacia el comedor o servicios.
- **Necesidad de ajustar los movimientos a los desplazamientos y acciones.** Es primordial que sepan cómo y por qué usar los utensilios de comedor.

Por ejemplo, no sería correcto realizar la acción de comer llevando el cubierto a otra zona del cuerpo que no sea la boca.

- **Necesidad de mejorar su motricidad fina.** Este punto es muy importante reforzarlo, ya que la atención en los comedores escolares hacia un ACNEE suele centrarse en alumnado con problemas motores que presentan mayor dependencia para alimentarse, quienes suelen tener la motricidad fina afectada.
- **Necesidad de recibir estimulación multisensorial.** El sistema háptico del alumnado con dificultades motoras puede presentar problemas en el momento de sentir las cosas en sus manos; por ello es aconsejable reforzar este aspecto a la hora de usar los cubiertos.
- **Necesidad de desarrollar un programa de autonomía en el cuidado personal, aseo y vestido.** El ACNEE debe saber cómo llegar de la forma más independiente posible al comedor (aunque haya un monitor/educador cerca de este o a su lado), debe conocer el sistema de lavado de manos y llevarlo a la práctica diariamente, así como de aseo (cepillado de dientes); además de saber cómo colocarse los baberos en caso de que sea necesario.

Sabía que...

Una forma adecuada de estimular al alumnado la motricidad fina puede ser pinchando comida con el tenedor.

Las necesidades relacionadas con el **ámbito lingüístico** son las siguientes:

- Aquel alumnado que no pueda comunicarse porque su lenguaje sea pobre, ininteligible o nulo deberá hacerlo a través de sistemas alternativos y/o aumentativos de comunicación (SAAC), tales como el sistema pictográfico de comunicación (SPC) basado en imágenes sencillas en las que el alumnado podrá comunicarse señalando la acción que desee, por ejemplo: el dibujo de un WC significa que quiere ir al baño.

- Aquel alumnado que tenga discapacidad sensorial o visual presenta la necesidad de comunicarse a través de otras vías sensoriales.

Las necesidades relacionadas con el **ámbito cognitivo** son las siguientes:

- En el caso de alumnado con discapacidad cognitiva grave, la necesidad es priorizar las capacidades cognitivas básicas (atención, imitación y seguimiento de órdenes).
- Necesidad de estrategias a través de aprendizajes significativos y funcionales.
- Necesidad de ambientes estructurados.
- Necesidad de aprendizaje ajustado a su ritmo y capacidad de aprendizaje.
- Necesidad de aprender por rutinas para que asimilen los contenidos.

Actividades

1. Explique otro sistema alternativo y/o aumentativo distinto al ya expuesto.
2. ¿Por qué cree que es necesario un aprendizaje significativo y funcional con el ACNEE?

Las necesidades relacionadas con el **ámbito afectivo-social** son las siguientes:

- Necesidad de situaciones de intercambio social que le permitan comunicarse.
- Necesidad de desarrollar una autoestima positiva, habilidades de autonomía y habilidades básicas.
- Necesidad de adquirir un comportamiento ajustado al entorno y normas sociales.

Estas necesidades son enunciadas de forma general, ya que cada niño/a según la discapacidad que tenga, edad, nivel de desarrollo madurativo y contexto tendrá unas necesidades u otras.

Otras de las necesidades a tener en cuenta en este apartado son las relacionadas con los ámbitos que se describen a continuación.

Las necesidades relacionadas con la **alimentación** son las siguientes:

- Necesidad de adquirir normas comportamentales adecuadas.
- Necesidad de conocer los utensilios de comedor.
- Necesidad de adquirir rutinas en cuanto a horarios, sitio donde sentarse, etc.
- Necesidad de conocer los tipos de alimentos (frutas, verduras, legumbres, pastas), sus características (duro, blando, frío, caliente) y los alimentos saludables (verduras, pescado) y no saludables (alimentos con grasas).
- Necesidad de adquirir un control postural.
- Necesidad de adquirir hábitos de autonomía para comer solos, servirse el agua.
- Necesidad de conocer la pirámide alimenticia.

Estas necesidades hay que tenerlas en cuenta a la hora de atender a un ACNEE en horario de comedor.

Nota

La pirámide alimenticia está centrada en los alimentos a consumir en una dieta saludable.

Las necesidades relacionadas con la **higiene personal** son las siguientes:

- Necesidad de adquirir autonomía a través de rutinas y pautas en el lavado de manos (con un programa de lavado de manos).
- Necesidad de desarrollar autonomía a través de rutinas y pautas en el uso del WC (con un programa de autonomía e higiene personal).
- Necesidad de adquirir autonomía a través de rutinas en el cepillado de dientes (con un programa de autonomía e higiene personal).

2.2. ¿Quién?

Una vez detectadas las necesidades del ACNEE se procede a la toma de decisiones y puesta en marcha de medidas desde el centro, contando con una serie de recursos personales y materiales. Entre los recursos personales se encuentran los docentes implicados con el alumno, el maestro de educación especial, el orientador y, en los casos en que sea necesario, el monitor de educación especial.

Hay que hacer hincapié en estos últimos recursos humanos: educadores y monitores de educación especial, ya que son los encargados de la atención específica de este alumnado en los comedores escolares.

Sabía que...

Los educadores del alumnado con discapacidad física trabajan en un centro público docente a través de bolsas de trabajo y los monitores de educación especial son contratados por empresas privadas coordinadas con el centro educativo.

Los programas de autonomía e higiene personal son elaborados por el maestro de pedagogía terapéutica, en colaboración con el educador y/o del monitor; en caso de alumnado integrado en un aula ordinaria también colabora el tutor.

2.3. ¿A quién va dirigido?

Los programas de autonomía e higiene personal van dirigidos a alumnado con necesidades especiales:

- Alumnado con discapacidad auditiva.
- Alumnado con discapacidad visual.
- Alumnado con discapacidad motora.

- Alumnado con discapacidad cognitiva.
- Alumnado con trastorno generalizado del desarrollo.
- Alumnado con problemas graves de conducta.

La ratio establecida en la actualidad para la atención en los comedores escolares es de 7 a 8 alumnos con necesidades especiales por monitor/educador.

2.4. ¿Cómo?

Para elaborar el programa de autonomía e higiene personal en los comedores escolares hay que establecer una serie de objetivos, contenidos y estrategias a llevar a cabo que se desarrollan a continuación.

Objetivos

Los objetivos de este programa se elaboran en relación a las necesidades del alumno a atender. Estos pueden ser los siguientes:

1. Incorporar conductas que el alumno no posee.
2. Mejorar sus habilidades de autocuidado.

Contenidos

En función de los objetivos didácticos se elaboran los contenidos en base a una serie de bloques:

1. Control de esfínteres:

    - Indicar con gestos o palabras sus necesidades fisiológicas.

2. Uso de los servicios:

    - Sentarse correctamente en el WC.
    - Usar el papel higiénico.
    - Limpiarse tras realizar sus necesidades.
    - Tirar de la cadena del WC.

- Bajar la tapadera del WC.
- Lavarse las manos tras realizar sus necesidades.

3. Aseo e higiene personal:

- Lavarse las manos con jabón.
- Secarse las manos con una toalla.
- Lavarse los dientes.
- Lavarse/limpiarse la boca.

4. Vestido:

- Abrochar/desabrochar botones o poner/quitar velcro.
- Diferenciar entre ropa sucia y limpia.

5. Alimentación/mesa:

- Beber de un vaso.
- Beber con pajita en caso de alumnado con dificultades motoras.
- Utilizar cubiertos de forma adecuada.
- Identificar para qué sirve cada cubierto.
- Respetar las normas de comedor (silencio, no gritar, no correr).
- Comer con la boca cerrada.
- No derramar ni agua ni comida.
- Servir líquidos.
- Sentarse correctamente.
- Levantar la mano para pedir/decir algo.
- Hablar lo menos posible en horario de comida.
- Conocer los alimentos que van a tomar.
- No jugar en el comedor.
- Identificar entre alimentos fríos y calientes.

6. Uso adecuado de las instalaciones del colegio.

- Colgar ropa y mochila en perchero antes de entrar a comedor.
- Recoger ropa y mochila después de comer.
- Pedir permiso para ir al cuarto de baño.

Estos contenidos son generales para trabajar de forma específica con el alumnado con necesidades especiales.

Importante

A la hora de elaborar los objetivos y contenidos para un alumno concreto siempre habrá que tener en cuenta las características del mismo.

Actividades

3. Indique otros tipos de objetivos que no se encuentren enumerados.
4. ¿Qué funciones desempeñaría para cumplir los objetivos relacionados con la higiene y aseo personal?

Estrategias

Atendiendo a tales objetivos y contenidos se llevan a cabo una serie de estrategias metodológicas.

Haciendo hincapié en el programa de lavado de manos, las estrategias o pasos pueden ser los siguientes:

1. Abrir el grifo
2. Mojar manos
3. Poner jabón
4. Frotar
5. Aclarar
6. Secar con una toalla

Para que el alumnado asimile mejor el programa, debe haber un aprendizaje previo de los pasos a seguir a través de imágenes, fotos y dibujos para que les resulte más fácil; mediante rutinas de forma diaria durante todo el curso y estableciendo un horario semanal para el monitor/educador en el que anote los días de la semana que el ACNEE se ha lavado las manos de forma autónoma.

Este programa se puede llevar a cabo de distintas formas, siempre y cuando sea sencillo, claro y cumpla todos los pasos para un adecuado lavado de manos.

Para aquel alumnado que no disponga de autonomía, en este programa habrá que ayudarle constantemente hasta lograr que realice algunas de las acciones por sí mismo.

Una de las formas de asimilar los pasos a seguir en el cuarto de baño o reconocer los objetos a utilizar, puede ser a través de fichas de asociación de contenidos.

A continuación se va a presentar una ficha en la que el alumno debe relacionar los siguientes aspectos:

1. Boca-cepillo de dientes.
2. WC-papel higiénico. Así el alumno asociará que cuando haga sus necesidades deberá usar siempre el papel.
3. Lavabo-jabón. Con esta imagen el alumno podrá asociar que cuando se lave las manos deberá usar siempre el jabón.

Con esta ficha se pueden hacer varias actividades como:

1. Relacionar con flechas los objetos del cuarto de baño.
2. Colorear los objetos que nombre el monitor/educador.
3. Explicar para qué sirve cada objeto.

La ficha con la que se debe trabajar es la que se presenta a continuación.

Ficha de asociación de contenidos en el cuarto de baño

3. Rutinas como medio de aprendizaje

Una rutina es la costumbre de hacer las cosas por mera práctica. Teniendo en cuenta esta definición se puede decir que si se repite lo mismo todos los días, se hará sin esfuerzo.

Por ello, las rutinas son buenas para el ACNEE, ya que debido a sus dificultades, sus capacidades básicas se ven afectadas, por lo que se hace necesario un aprendizaje simple, significativo y funcional.

A la hora de intervenir con un ACNEE hay que tener en cuenta sus posibilidades de razonamiento, su capacidad de aprendizaje en cada momento, sus conocimientos previos, su ritmo de aprendizaje, su edad y su nivel de desarrollo cognitivo y madurativo.

Importante

Resulta muy conveniente basarse para esta tarea en las teorías de Piaget derivadas de su estudio sobre el desarrollo cognitivo.

Una vez establecidas las rutinas de aprendizaje y asimiladas por el alumnado, llega un momento en que todo se hace de forma automática y no es necesario utilizar la capacidad de razonamiento.

Estas rutinas deben llevarse a cabo de la manera más sencilla posible, a través de un aprendizaje previo con guías de pasos, imágenes, fotos y la práctica diaria. Este aprendizaje está basado en el aprendizaje significativo y funcional, lo cual quiere decir que todo nuevo aprendizaje debe integrarse de forma sencilla en su estructura cognitiva (recogiendo las aportaciones de Ausubel sobre el aprendizaje significativo).

Por otro lado, para la asimilación de las rutinas de manera adecuada y autónoma, el alumnado debe adquirir la competencia básica de "aprender a aprender".

Nota

La competencia de "aprender a aprender" es una de las competencias básicas que debe adquirir el alumnado durante la educación básica obligatoria al terminar la etapa.

Esto se consigue en la medida en que pueda ir adquiriendo estrategias de aprendizaje; estrategias referidas al establecimiento de metas y objetivos (cuya meta es el aprendizaje del aseo, higiene y vestido personal y cuyo objetivo es realizar todo de forma autónoma), a la planificación de los diferentes objetivos a llevar a cabo (a través de guías de pasos y rutinas), al control sobre la propia tarea (con el fin de ser autónomo en la misma), a la comprobación permanente (comprobando cada paso llevado a cabo para asimilarlo), a la revisión (de lo que está bien o mal realizado) y a la autoevaluación (valorar si el proceso se ha realizado correctamente).

Actividades

5. Defina con sus palabras qué son las rutinas como medio de aprendizaje.
6. Seleccione una serie de rutinas a llevar a cabo en el uso de servicios.

3.1. Rutinas en el comedor escolar

Al atender a un ACNEE en el comedor escolar, el monitor/educador lleva a cabo una serie de rutinas y pasos de forma diaria que se pueden establecer en los siguientes bloques:

1. **Recogida:** el monitor/educador recoge a cada ACNEE del lugar donde esté cada uno en cada momento (patio, clase, apoyo, etc.) unos minutos antes de la salida de todo el alumnado del colegio.
2. **Uso de instalaciones:** cada ACNEE coge sus objetos personales y los cuelga en el perchero/taquilla.
3. **Uso de servicios:** antes de entrar al comedor, cada ACNEE procede al lavado de manos y uso del WC.
4. **Entrada comedor:** deben entrar despacio, en fila y en silencio.
5. **Sentarse:** cada ACNEE se sienta en el lugar que se le ha asignado para todo el curso con una postura adecuada.
6. **Alimentación:** el ACNEE más autónomo podrá servirse su agua mientras el monitor/educador sirve el primer plato, segundo y postre. Durante la hora de la comida el monitor debe controlar el orden y llevar a cabo las normas establecidas para el alumnado, como levantar la mano para

pedir o decir algo, estar en silencio, ser educado, no jugar ni tirar la comida, comer con la boca cerrada, etc.

7. **Higiene y aseo personal:** una vez han terminado de comer deben hacer una fila para ir al cuarto de baño a lavarse los dientes, la boca y las manos.
8. **Despedida:** el alumnado que se va en el segundo turno va al patio (con la supervisión del monitor/educador) a jugar con el resto de compañeros; y el alumnado del primer turno se marcha con la familia que lo recoge.

4. Sistemas visuales de apoyo: guías de pasos

Los sistemas visuales de apoyo hacen referencia a las ayudas a través de imágenes que se le presentan al ACNEE para un aprendizaje más efectivo, rápido, funcional, sencillo, lúdico y motivador.

A continuación, se van a presentar los sistemas visuales de apoyo en relación al programa de lavado de manos, cepillado de dientes, uso del WC y un mural de normas de comedor.

Estos sistemas visuales están realizados con distintos dibujos referentes a los pasos que se han de llevar a cabo en cada ámbito.

4.1. Sistema visual de apoyo en el lavado de manos

El sistema visual de apoyo en el lavado de manos se centra en que el ACNEE asimile los pasos a seguir de forma adecuada para lavarse las manos y para que efectúe una rutina diaria durante todo el curso antes de acudir al comedor.

Recuerde

El desarrollo de este sistema va a depender, como se ha mencionado, del tipo y grado de déficit del ACNEE.

Existen varias formas de llevar a cabo este programa. Para ello hay que tener en cuenta el nivel de autonomía del alumno y los pasos que es capaz de dar.

Las estrategias generales al comenzar este sistema visual de apoyo se centran en que el monitor/educador le muestre al ACNEE la imagen de las acciones que deba desempeñar en cada momento e ir realizándolas paso a paso.

Uno de los sistemas de apoyo visual se centra en los siguientes pasos:

1. **Abrir el grifo:** el monitor/educador, siempre y cuando el ACNEE presente cierta autonomía, movilidad y motricidad fina, le muestra la imagen de un grifo, después realiza la acción para que el alumno la vea y le explica cómo abrirlo (dependiendo del modelo de grifo que sea). Luego le incita a que él lo lleve a cabo por sí mismo.
2. **Mojar manos:** el monitor/educador le muestra la imagen de un niño con las manos bajo el grifo, luego realiza la acción de cómo mojarse las manos y se lo explica (con las mismas bajo el chorro para que ambas manos se mojen por completo). Luego le incita a que él lo lleve a cabo por sí mismo introduciéndole las manos bajo el chorro de agua. Luego deberá cerrar el grifo para echarse el jabón.
3. **Poner jabón:** una vez enjuagadas el monitor/educador le muestra la imagen de un jabón, luego realiza la acción —la cual variará dependiendo de si es jabón de manos, con lo cual deberá coger la pastilla de jabón que debe estar situada junto al grifo para que resulte más cómodo; o si es un dispensador de jabón, deberá pulsar el botón—. Luego, el alumno

debe realizarlo por sí mismo con cuidado de no derramar el jabón al suelo o de que no se le escurra la pastilla de las manos.

4. **Frotar:** mientras se enjabona, el monitor/educador le muestra la imagen de dos manos frotándose con el jabón, realiza la acción como ejemplo y el alumno deberá realizarlo frotándose las manos suavemente una con otra para repartir adecuadamente todo el jabón.
5. **Aclarar:** el siguiente paso es mostrarle una imagen de unas manos a las que les cae agua. Después, el monitor/educador abre el grifo de nuevo para aclararse las manos y se lo explica al alumno para que lo lleve a cabo. Debe enjuagarse bastante bien para que no queden restos de jabón.
6. **Secar:** por último, se le muestra una imagen de unas manos con una toalla. El monitor realiza la acción y le explica que debe coger la toalla del toallero con cuidado de no salpicar el suelo y secarse ambas manos.

Una vez que el alumno haya aprendido cada paso, el monitor no deberá realizar las acciones, o más tarde no explicarle los pasos, sino tan solo supervisar cada acción.

Para completar el sistema de apoyo visual, se puede introducir en el mismo folio un horario semanal, en el cual el alumno (si sabe escribir) o monitor/educador anote con una cruz qué día se ha lavado las manos, o qué día lo ha realizado por sí mismo sin ayuda o supervisión.

Las imágenes de este sistema son las que se muestran a continuación.

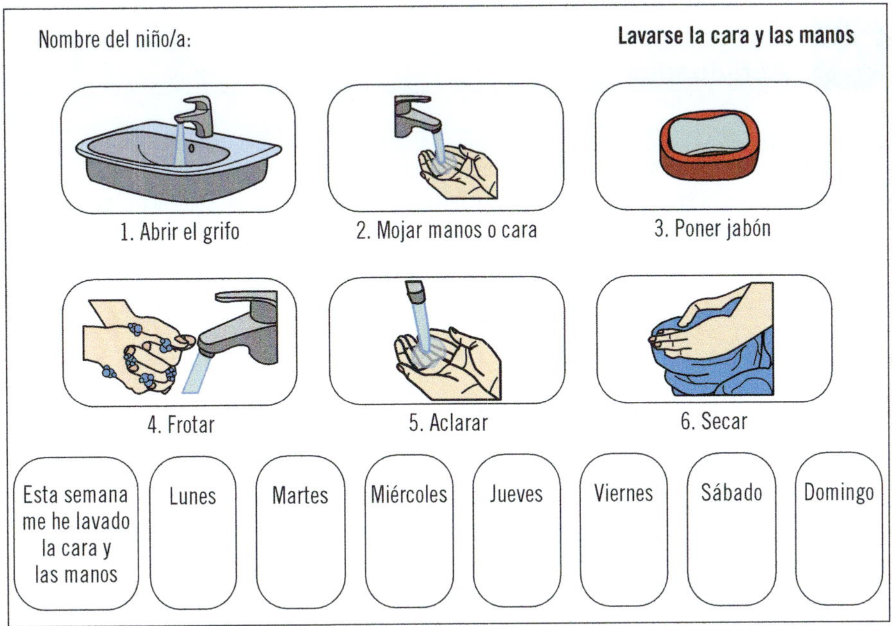

Sistema visual de apoyo en el lavado de manos

Aplicación práctica

Rebeca es una alumna de 5 años de edad con tetraplejia y que está en silla de ruedas. Acude al comedor diariamente y requiere de ayuda para lavarse las manos antes de entrar. No conoce los programas visuales de apoyo en el lavado de manos, por lo que no sabe los pasos a llevar a cabo. ¿Qué protocolo de actuación hay que realizar ante alumnado con falta de autonomía?

SOLUCIÓN

En primer lugar, hay que tener en cuenta que la atención la lleva a cabo el monitor/educador, quien recoge a la alumna del lugar donde se encuentre para trasladarla hasta el cuarto de baño. Una vez allí, el monitor/educador le muestra el sistema de apoyo visual a la alumna paso a paso y va realizando con ella de forma conjunta cada acción y, si es necesario, le ayuda en cada paso.

Actividades

7. Elabore una guía de pasos del programa de lavado de manos.
8. ¿Qué normas cree usted que son esenciales para un ACNEE en un comedor escolar en cuanto a higiene?

4.2. Sistema visual de apoyo en el cepillado de dientes

El sistema visual de cepillado de dientes se basa en que el ACNEE siga los pasos adecuados y de forma ordenada para lavarse los dientes a través de una serie de imágenes.

Al igual que el anterior sistema, hay que valorar el grado de autonomía del alumno, su déficit y los pasos que puede ser capaz de llevar a cabo con o sin ayuda del monitor. En este sistema el monitor/educador también le va mostrando cada imagen al alumno de los pasos a realizar, lo lleva a la práctica e incita al alumno a que realice la acción.

Nota

El cepillado de dientes se realiza en horario de comedor cuando todos los niños han terminado de comer si los familiares del alumno lo solicitan.

Uno de los ejemplos que se puede llevar a cabo es el que se explica a continuación:

1. Echar agua en un vaso: el monitor/educador le muestra la imagen al alumno de una mano de un niño cogiendo agua en un vaso de un grifo

abierto. Realiza la acción y le dice al alumno que la repita, explicándole que primero debe coger el vaso, después abrir el grifo y, por último, echar el agua para que más tarde tenga el vaso preparado para enjuagarse la boca.

2. **Abrir tapón de pasta de dientes:** el monitor/educador le señala una imagen de unas manos abriendo un tubo de pasta de dientes, realiza la acción y le dice al niño que también lo haga.
3. **Depositar pasta de dientes en el cepillo:** la imagen en este caso sería la de unas manos poniendo la pasta de dientes en un cepillo. El monitor/educador realiza la acción y el niño la repite con cuidado de que no ponga demasiada pasta en el cepillo por apretar el tubo.
4. **Cepillado de dientes:** se le muestra la imagen de un niño cepillándose los dientes. El monitor/educador le enseña cómo cepillarse los dientes, le explica que debe hacerlo de un lado a otro, de arriba abajo y por todas las muelas.
5. **Enjuagarse la boca:** el siguiente paso es mostrarle la imagen de un niño con un vaso en la mano enjuagándose la boca. El monitor/educador le explica que coja el cepillo en una mano y el vaso en otra y debe coger agua sin tragársela y enjuagarse la boca para escupir los restos de pasta de dientes en el lavabo. Hay que prestar atención a que el niño no se trague el agua y que acerque la boca al lavabo para no salpicar.
6. **Lavar cepillo:** la imagen ahora es la de un cepillo de dientes bajo un grifo con agua. El monitor realiza la acción y se la enseña al niño.
7. **Tirar agua:** la imagen es la de una mano de un niño tirando el agua de un vaso al lavabo. El monitor lo hace y el alumno lo repite.
8. **Cerrar tapón del tubo de pasta de dientes:** otra de las imágenes es la de una mano de un niño cerrando un tubo de pasta de dientes, lo cual debe ser realizado por el alumno.
9. **Secarse la boca con una toalla:** este es el último paso a llevar a cabo y la imagen se corresponde con un niño secándose la boca con una toalla. El alumno debe coger la toalla y secarse la boca como paso final.

Es importante, al terminar el proceso, que el lavabo quede sin restos de pasta de dientes, con el fin de que el alumno comprenda que el cuarto de baño debe ser un lugar limpio y ordenado.

El sistema visual de apoyo en el cepillado de dientes está basado en las siguientes imágenes que a continuación se presentan.

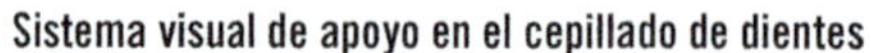
Sistema visual de apoyo en el cepillado de dientes

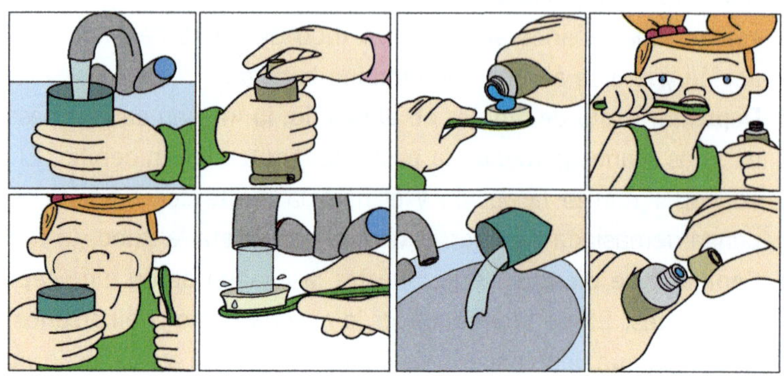

Actividades

9. Enumere las ventajas de llevar a cabo un programa de cepillado de dientes.

4.3. Sistema visual de apoyo en el uso del WC

El uso del WC se puede hacer en cualquier momento de horario de comedor, por lo que es muy importante que el alumno asimile muy bien los pasos a llevar a cabo.

En este caso, el monitor/educador no realiza las acciones, tan solo se las explica al alumno, le ayuda o supervisa las mismas. En un primer momento el monitor/educador entrará al WC con el niño para ayudarle a desvestirse, sentarse en el WC o limpiarse, hasta que el alumno sepa realizar los pasos con total autonomía; en este caso, el monitor/educador siempre deberá esperar fuera del WC, lo más cercano a la puerta por lo que pueda requerir el niño o por seguridad, para que no le ocurra nada.

El uso del WC implica algunas acciones que pueden ser complicadas para el alumnado con falta de autonomía, poca movilidad o con problemas en la motricidad fina o gruesa.

A continuación se muestran dichos pasos correspondientes a una serie de imágenes:

1. **Abrir puerta del baño/encajarla:** se le enseña la imagen de una puerta. Es importante que puedan hacer esto para que tengan intimidad a la hora de usar el WC.
2. **Desvestirse:** la imagen mostrada es un niño desabrochándose el pantalón. Cuando un alumno trae pantalón, el monitor/educador debe enseñarle cómo hacerlo. Después, el alumno debe bajarse el pantalón para proceder a sentarse en el WC. Si se trata de un pantalón que no tiene botón, tan solo tendría que bajárselo y si se trata de niñas con falda o vestido, se lo tienen que levantar. El siguiente paso sería bajarse la ropa interior hasta las rodillas o los tobillos.
3. **Sentarse en el WC/hacer uso del mismo:** la imagen se corresponde con un niño sentado en el WC con la ropa bajada. Si se trata de un niño que quiere hacer pipí, los pasos serán distintos a los de una niña, por el motivo de que el niño lo hace de pie y la niña sentada. En caso de que quieran hacer otras necesidades, ambos deben sentarse.
4. **Coger papel higiénico:** la imagen muestra la mano de un niño cogiendo papel. Es importante que sepan que no deben coger demasiado papel, sino lo justo y necesario.
5. **Limpiarse:** se muestra a un niño limpiándose, lo cual debe ser realizado por el alumno.
6. **Vestido:** el alumno ve la imagen de un niño vistiéndose.
7. **Tirar de la cadena:** el alumno debe tirar de la cadena siempre que haga uso del WC para mantener limpio el mismo. Este paso se les suele olvidar, por lo que hay que recordárselo diariamente.

8. **Lavarse las manos:** se muestra a un niño lavándose las manos con el grifo abierto, por lo que el alumno deberá bajar la tapadera del WC, abrir la puerta e ir al lavabo a lavarse las manos (proceso explicado anteriormente).

De forma general, el uso del WC les suele resultar más difícil que el resto de sistemas de apoyo visuales o programas, ya que implica una serie de pasos de mayor dificultad motriz y de coordinación, como desvestirse o vestirse.

Por ello, el alumnado suele requerir más ayuda y atención por parte del monitor/educador a la hora de hacer uso del WC.

Importante

Para que el alumno asimile los pasos a seguir de forma adecuada es importante explicarle todo despacio y con la ayuda de las imágenes del sistema visual.

Las imágenes que se acompañan a este programa son las siguientes:

Sistema visual de apoyo en el uso del WC

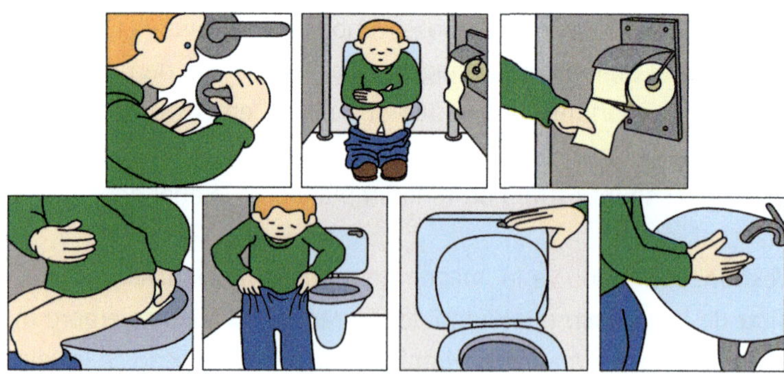

4.4. Sistema visual de apoyo en las normas de comedor

Las normas de comedor deben ser claras, sencillas, establecer un aprendizaje previo de las mismas y recordarlas cada día a través del sistema visual de apoyo.

La guía de pasos de las normas que debe cumplir el alumnado de un comedor escolar puede ser la siguiente:

1. **Lavarse las manos:** la imagen en este caso puede corresponder a unas manos bajo el grifo cayendo agua. Esta actividad es la que se incluye dentro del programa del lavado de manos y que debe realizarse antes de entrar al comedor.
2. **Sentarse correctamente:** la imagen representa a un niño sentado en una silla, con una postura adecuada. Este punto es importante reforzarlo cada día para que el alumnado adquiera un control postural adecuado a la hora de comer.
3. **Comer solo:** se trata de la imagen de la cara de un niño que se lleva la cuchara a la boca. A la hora de que el alumnado coma con autonomía hay que establecer programas, sistemas visuales de apoyo, ayuda y rutinas.
4. **Comer con la boca cerrada:** la imagen es la de un niño con la boca cerrada y los cubiertos en las manos. Es importante enseñarles este aspecto, ya que puede resultar incómodo para el resto si no lo cumplen.
5. **Dar las gracias:** la imagen es un niño alegre con los brazos abiertos. Deben conocer normas sociales en la mesa.
6. **Comérselo todo o probarlo:** la imagen se corresponde con niños que están felices comiendo. Hay alumnado que no come adecuadamente porque no le gusta algo o como conducta desafiante, por lo que deben saber que al menos hay que probar la comida. Actualmente, en los comedores escolares, está prohibido obligar a un niño a comer, por ello, se pueden usar reforzadores positivos para que lo haga como pegatinas, juguetes, tiempo de patio, etc.
7. **Coger bien los cubiertos:** la imagen es una mano cogiendo una cuchara con la posición correcta de los dedos pulgar, índice y corazón. El alumnado debe saber cómo coger los cubiertos de forma adecuada; este aspecto es bueno reforzarlo en el alumnado con motricidad fina afectada para estimularles el tacto.

8. **Pedir las cosas por favor:** la imagen es la de un niño con las manos pegadas pidiendo por favor. El alumnado que tenga adquirido el lenguaje, debe aprender las normas sociales establecidas a la hora de comer.
9. **Mantener el comedor limpio:** la imagen es la de una papelera. El alumnado con cierto grado de autonomía y aquel que presenta una capacidad cognitiva adecuada debe saber que el comedor es un lugar que hay que mantener limpio y ordenado. Por eso no pueden tirar la comida al suelo, ni jugar con la misma, no derramar líquidos, mantener la mesa limpia, tirar las cosas a la basura cuando hayan acabado de comer (como papel, ya que el resto debe tirarlo el monitor/educador porque está prohibido que el alumnado se levante para tirar desperdicios de alimentos, poner la mesa o quitarla).
10. **Estar limpios:** la imagen es la de un niño con la ropa blanca y limpia. El alumnado debe saber que su ropa no puede mancharse demasiado. Aquel alumnado que no disponga de autonomía para comer, debe tener el babero puesto. Para mantener la ropa limpia es importante que sepan que hay que estar lo más cerca posible de la mesa y comer cerca del plato.

Las imágenes que se corresponden con la explicación anterior son las siguientes:

Sistema visual de apoyo en el uso del WC

5. Programa de colocación de baberos y/o batas

El programa de colocación de baberos y/o batas hace referencia al apartado de vestido incluido dentro del programa de autonomía e higiene personal del ACNEE. A continuación, se presentan ambos programas por separado.

5.1. Programa de colocación de baberos

A la hora de llevar a cabo el programa de colocación de baberos, se pueden desarrollar los siguientes objetivos:

- Abrochar/desabrochar botones. Poner/quitar velcro.
- Diferenciar entre ropa sucia y limpia.

Para que el alumnado tenga un mejor aprendizaje a la hora de ponerse el babero es importante usar sistemas visuales de apoyo para que el ACNEE asimile mejor los pasos a seguir.

El comienzo del programa con el ACNEE debe hacerse con la ayuda y supervisión del monitor/educador, siendo el objetivo primordial que el alumnado consiga ponerse el babero solo.

La guía de pasos para ponerse el babero es la siguiente:

1. Meter una de las mangas por la mano, pasando por todo el brazo hasta llegar al hombro. En un principio, el monitor/educador debe sujetar la manga y la mano correcta del alumno, más tarde solo sujetará la manga y el alumno pasará la mano y el brazo y el último paso sería que el alumno se coloque solo la manga.
2. Meter la otra manga.
3. Abrocharle los botones o pegar velcro un lado del babero con otro en caso de ACNEE con mayor dificultad motora.

Actividades

10. Elabore un sistema visual de apoyo de colocación de baberos.

5.2. Programa de colocación de batas

En relación al programa de colocación de batas, hace referencia a las batas que deben colocarse los monitores/educadores. Estas batas son entregadas por la empresa privada que les contrate. Es obligatorio llevarla siempre puesta para la atención del ACNEE, además de limpia, planchada, sin dibujos, ni pegatinas, con la placa de identificación en la que esté escrito el nombre de la persona y en algunos casos el de la empresa.

Aplicación práctica

Lucas es un niño de 9 años de edad con discapacidad cognitiva profunda. No tiene adquirido el objetivo de vestirse/desvertirse, por lo que el monitor le va a ayudar a colocárselo antes de comer para que no se manche la ropa. Para ello, sigue los siguientes pasos:

- **Le señala la imagen que indica que va a comer**
- **Se lo explica oralmente**
- **Acuden al cuarto de baño para lavarse las manos**
- **Le coloca el babero**

Si el alumno no sabe colocarse el babero, ¿qué pasos podrá seguir el monitor para hacerlo?

Continúa en página siguiente >>

<< Viene de página anterior

SOLUCIÓN

En primer lugar, utilizar un sistema visual de apoyo en la colocación de baberos en el que se incluyan los pasos a seguir para el mismo y las imágenes se correspondan con un/a niño/a cogiendo el babero, colocándose una manga, luego la otra y, por último, abrochándose los botones de abajo arriba. El monitor/educador le va explicando cada paso de forma oral, con el apoyo del sistema visual y le ayuda en cada acción.

---

6. Grados de dependencia

Para hablar de los distintos grados de dependencia es necesario conocer la tipología de alumnado con necesidades especiales que puede haber en un centro, ya que dependiendo del tipo y grado de discapacidad del alumnado, su dependencia de otras personas (monitor/educador en este caso) será mayor o menor.

En un comedor escolar hay que valorar el desarrollo motor del alumno y la autonomía. A mejor desarrollo motor, mayor autonomía; además, hay que valorar el desarrollo cognitivo, ya que a mayor capacidad de razonamiento, memoria e inteligencia, también habrá mayor autonomía.

6.1. Tipos de discapacidad del alumnado

En un centro educativo, la tipología de alumnado según la discapacidad que presenta y sus necesidades básicas en relación al desarrollo motor y cognitivo se corresponde con cualquiera de los que se describen a continuación.

Alumnado con discapacidad auditiva

"Se puede definir al alumnado con discapacidad auditiva como aquellos que no son capaces de percibir los sonidos ni con la ayuda de aparatos amplificadores". (Organización Mundial de la Salud, OMS, 1996).

Según Benítez (2011). El alumnado con discapacidad auditiva es aquel que posee "pérdida auditiva de leves a profundas, es un estado de limitación en la comunicación o el lenguaje como expresión lingüísticas y de pensamiento".

Este alumnado requiere un aprendizaje del programa de autonomía e higiene personal basado en la ruta visual principalmente, ya que su ruta auditiva se ve afectada. Habrá que valorar el grado de pérdida auditiva (sordera, cofosis, hipoacusia) que presente para aprovechar o no sus restos auditivos.

Definición

Cofosis e hipoacusia

Cofosis es la pérdida total o parcial de la audición y la hipoacusia es la pérdida leve de la audición con restos auditivos aprovechables.

De forma general, las necesidades de este alumnado pueden ser:

- **Necesidades relacionadas con el desarrollo cognitivo:** requieren mejorar la atención, memoria y razonamiento.
- **Necesidades relacionadas con el desarrollo psicomotor:** existen problemas de desequilibrio en la marcha, requieren una mejora en la orientación espacio-temporal y adquirir nociones temporales.

El alumnado con sordera suele acudir a centros docentes específicos que disponen de intérpretes de lengua de signos u otros sistemas de comunicación.

Alumnado con discapacidad visual

"La ceguera o deficiencia visual hacen referencia a condiciones caracterizadas por una limitación total o muy seria de la función visual". (Organización Nacional de Ciegos Españoles, ONCE, 2013).

La discapacidad visual abarca a las personas con déficit visual o ceguera y a las personas con ambliopía.

Definición

Alumnado con ambliopía
Es aquel que presenta restos visuales aprovechables.

Requieren un aprovechamiento de la visión residual en caso de ambliopía o un aprendizaje a través de la ruta háptica (tacto). Sus necesidades pueden ser:

- **Necesidades relacionadas con el desarrollo cognitivo:** requieren una estimulación auditiva (en caso de ceguera) o a través de imágenes claras, coloridas y ampliadas (en caso de ambliopía).
- **Necesidades relacionadas con el desarrollo psicomotor:** requieren una mejora de la marcha, ayudas técnicas (como el bastón en caso de ceguera o información escrita a través del braille) y la eliminación de barreras arquitectónicas.

El alumnado con ceguera suele acudir a centros específicos para alumnado con ceguera donde se dispone de ayudas técnicas y personal específico cualificado.

Actividades

11. Elabore un programa de lavado de manos para un alumno con discapacidad visual.
12. ¿Qué ayudas técnicas se podrían instalar en un cuarto de baño para atender a un alumno con discapacidad visual?

Alumnado con discapacidad motora

Por discapacidad motora se entiende aquella que abarca todas las alteraciones o deficiencias orgánicas del aparato locomotor o de su funcionamiento óseo, articulaciones, nervios y/o músculos.

La parálisis, según la zona afectada, se puede clasificar en lo siguiente:

- A un miembro (monoplejía o monoparesia).
- A un lado del cuerpo (hemiplejía o hemiparesia).
- A cuatro miembros (como tetraplejía o tetraparesia).

Según el origen, las parálisis pueden ser:

- Cerebrales
- Espinales
- Musculares
- Óseo-articulatorias

Los casos más comunes en los centros educativos son los de parálisis cerebral y pueden tener distintas afectaciones en su tono muscular:

- **Espasticidad:** son movimientos rígidos y bruscos del cuerpo.
- **Atetosis:** son movimientos involuntarios y lentos.
- **Ataxia:** es una alteración del equilibrio y los movimientos.
- **Mixta:** combinación de todo lo anterior.

Este alumnado suele tener afectada la marcha, el desarrollo cognitivo y el lenguaje. Por ello, sus necesidades pueden ser:

- **Necesidades relacionadas con el desarrollo cognitivo:** si existe una discapacidad cognitiva asociada, requieren de una mejora del razonamiento, memoria y atención. Además de un aprendizaje basado en sus ritmos y muy significativo en el caso de que el lenguaje se vea afectado, requieren estimular el mismo.

- **Necesidades relacionadas con el desarrollo psicomotor:** requieren mejorar su coordinación y equilibrio, la psicomotricidad fina y gruesa, la orientación y movilidad y la marcha.
- **Necesidades relacionadas con el lenguaje:** requieren adquirir sistemas alternativos y/o aumentativos de comunicación.

Estas necesidades hay que considerarlas a la hora de atender al alumnado con discapacidad motora y valorar las necesidades específicas teniendo en cuenta sus características personales.

Alumnado con discapacidad cognitiva

La discapacidad cognitiva definida por Schalock (2007) "se caracteriza por limitaciones significativas en el funcionamiento intelectual y en la conducta adaptativa, expresada en las habilidades adaptativas conceptuales, sociales y prácticas".

Nota

Los distintos grados de discapacidad intelectual se valoran por el coeficiente intelectual del alumnado.

Este alumnado, como el resto, puede presentar distintos grados de discapacidad cognitiva, dependiendo del grado y sus necesidades pueden variar, pero en rasgos generales pueden ser las siguientes:

- **En cuanto al desarrollo cognitivo:** su aprendizaje debe ser más enlentecido, ajustado a su capacidad de desarrollo intelectual, significativo, funcional y motivador.
- **Con respecto al desarrollo psicomotor:** cuando existe una discapacidad severa o profunda necesitan ajustar los movimientos a los desplazamientos y acciones.

Alumnado con trastorno generalizado del desarrollo

"Los términos sinónimos Trastorno del Espectro Autista y Trastorno Generalizado del Desarrollo se refieren a un amplio continuo de trastornos cognitivos y neuroconductuales asociados, incluyendo tres rasgos nucleares: deterioros de la socialización, deterioros en la comunicación verbal y no verbal y patrones restrictivos y repetitivos de conducta". *(American Psychiatric Association,* APA, 1994).

Según Pichot, Aliño y Miyar (1995) "los trastornos generalizados del desarrollo se caracterizan por una perturbación grave y generalizada de varias áreas del desarrollo: habilidades para la interacción social, habilidades para la comunicación o la presencia de comportamientos, intereses y actividades estereotipados. Entre los trastornos generalizados del desarrollo podemos incluir: el trastorno autista, el trastorno de Rett, el trastorno desintegrativo infantil, el trastorno de Asperger y el trastorno generalizado del desarrollo no especificado".

Dentro de este tipo de alumnado, se atiende en los centros escolares con mayor frecuencia a aquel que presenta autismo o síndrome de Asperger.

De manera general, las necesidades que pueden presentar son las siguientes:

- Interiorizar su esquema corporal y estructurar nociones espacio-temporales.
- Reducir/eliminar sus estereotipias.
- Estructurar nociones espacio-temporales.
- Desarrollar habilidades sociales básicas.

En líneas generales este alumnado presenta problemas en las relaciones sociales, puesto que no comprende la información del mundo que les rodea, así como en la orientación y estereotipias que no pueden controlar.

Sabía que...

Las estereotipias que suele presentar el alumnado con autismo suelen ser: aleteo, balbuceo, gritos, decir palabras sin sentido, etc.

Actividades

13. ¿Cómo se podrían eliminar las estereotipias de un/a alumno/a con autismo durante el lavado de manos?
14. Imagine que es un monitor/educador de un centro educativo. Elabore una lista con distintas tipologías de alumnado a las que podría atender y especifique las acciones que llevaría a cabo antes de acudir al comedor.

6.2. Tipos de grados de dependencia

La dependencia hace mención a aquella que presenta el alumnado al requerir de la atención de otras personas, debido a la falta de autonomía por diversas causas o factores: como discapacidad, déficit, edad, desarrollo madurativo.

Dicha dependencia se establece a continuación en función de las distintas tipologías de alumnado que puede haber en un centro escolar y se especifican los sistemas visuales de apoyo que pueden requerir; cómo llevar a cabo las distintas guías de pasos con los distintos tipos de alumnado; y la atención que requieren tanto en el comedor escolar como en el cuarto de baño.

Los distintos tipos de dependencia son: moderada, severa y gran dependencia.

Grado I: dependencia moderada

La dependencia moderada hace referencia a aquella que requiere el alumnado en determinados momentos del horario de comedor para su alimentación o a la hora del uso del WC e higiene personal.

Según el tipo de alumnado que haya que atender, la dependencia será mayor o menor.

Este apartado se puede analizar de igual forma que el apartado anterior, a través de las distintas tipologías de alumnado. Dentro de este tipo de dependencia puede encontrarse a alumnado con restos audibles y visuales aprovechables, o alumnado con discapacidad motora y cognitiva leve que requiera de apoyos y ayudas, pero que puede realizar ciertas acciones de forma autónoma.

Alumnado con deficiencia auditiva (hipoacusia)

Este alumnado tiene cierta dependencia con el monitor/educador en los aspectos auditivos. Requiere un mayor apoyo visual en las acciones a desarrollar en el comedor o uso de servicios. Si tienen algún resto auditivo, bastará con hablarle en un tono más elevado de volumen de lo normal, combinándolo con sistemas de apoyo visuales en caso de un tipo de hipoacusia más elevada.

Para llevar a cabo el programa de higiene con este alumnado hay que comenzar con un aprendizaje previo del mismo, explicándole el significado de cada imagen con un tono elevado y con la ayuda de la escritura; de igual forma ocurre con el programa de colocación de baberos y con el cepillado de dientes después de comer.

Alumnado con discapacidad visual (ambliope)

En caso de alumnado con ambliopía, hay que procurar aprovechar sus restos visuales para estimular su visión y sentarlo cerca de puntos luminosos.

Sabía que...

En el desarrollo evolutivo del alumnado con discapacidad visual con respecto al del resto del alumnado, existen las mínimas diferencias si es estimulado multisensorialmente de forma adecuada.

Es importante que exista un ambiente lo más tranquilo posible para no distorsionar su atención y eliminar los obstáculos o barreras arquitectónicas en la medida de lo posible. Por otro lado, hay que añadir que este alumnado suele tener malas posturas a la hora de caminar o sentarse, por lo que habrá que corregir la marcha e intentar que adquiera un control postural adecuado.

A la hora de trabajar con alumnado que posee ambliopía en cualquiera de los programas de higiene personal o comedor, hay que utilizar imágenes claras, llamativas, de tamaño moderado y coloridas para estimular sus restos visuales. Además, hay que explicarle previamente dónde se encuentra cada dependencia, cuál será su sitio de comedor, los utensilios a utilizar, etc., para que, con la ayuda del tacto y sus restos, pueda tener la mayor autonomía posible.

Alumnado con discapacidad motora leve

En este caso se hará referencia a alumnado con discapacidad motora leve, que presenta cierta autonomía en la marcha y motricidad fina y gruesa. Por ejemplo, alumnado con hemiplejia que solo tenga un lado de su cuerpo sin movilidad, pero que puede andar de forma adecuada y usar la otra parte de su cuerpo.

En este caso se podrá estimular la zona afectada de manera que coja los cubiertos en algunas ocasiones con la mano o brazo afectado, que realice las acciones del WC (desabrochar, abrochar, coger papel higiénico, etc.). Hay que procurar ofrecerle la ayuda que requiera en todo momento para coger algún objeto, caminar o desenvolverse con cierta autonomía en el cuarto de baño y comedor.

En muchos casos, no tienen un control postural adecuado, por lo que habrá que corregirlo a la hora de que permanezcan sentados; también suelen inclinarse hacia adelante, con la boca demasiado cerca del plato o del lavabo, por lo que habrá que insistir en que se sienten con la espalda recta y permanezcan de pie también con la espalda erguida.

Alumnado con discapacidad cognitiva leve o moderada

Puesto que existen distintos grados de discapacidad cognitiva, en este apartado se puede incluir a aquel que presenta una discapacidad cognitiva leve o moderada, que cuenta con cierto nivel de autonomía. La atención con este alumnado debe basarse en un mayor número de explicaciones que con el resto para que comprenda los pasos a seguir a la hora de comer, de usar el WC, lavarse los dientes o las manos.

Algunos de ellos pueden presentar ciertas conductas disruptivas, por lo que deben tener asimiladas las normas de comedor a través del mural de normas anteriormente especificado.

Definición

Conductas disruptivas

Son aquellas que puede presentar el alumno a través de comportamientos negativos como: gritar, tirar objetos, pegar o desobedecer las normas. Hay que procurar eliminarlas con castigos o premios.

Según Castro (2007) es aquella conducta "en la que existe una violación al derecho de los demás o de las reglas y normas sociales apropiadas a la edad".

Grado II: dependencia severa

La dependencia severa hace referencia a aquella que requiere el alumnado en bastantes momentos del horario de comedor para su alimentación o a la hora del uso del WC e higiene personal.

Dentro de esta dependencia se contempla al mismo alumnado que en el apartado anterior, pero que requiere de una atención más específica debido a que su déficit es más profundo y, por lo tanto, su dependencia también.

Alumnado con deficiencia auditiva (sordera)

Este alumnado, debido a la falta de audición que presenta, requiere un mayor apoyo visual en las acciones a desarrollar que el resto. Algunos de los ejemplos pueden ser: a la hora de usar el WC o lavarse las manos y dientes, es imprescindible utilizar los sistemas de apoyo visuales para que el alumnado comprenda los pasos a seguir de forma adecuada. Al no poder oír requieren de otros recursos que palien su déficit.

También deben conocer las normas de comedor a través del sistema visual visto con anterioridad.

La mayoría de alumnado con sordera ha aprendido el sistema de lengua de signos, por lo que si el monitor/educador desea explicarle algo —aunque no conozca la lengua de signos— podrá hacerlo a través de imágenes o con palabras escritas. De igual forma, si el alumnado necesita algo, podrá levantar la mano mientras come para escribir lo que desea en una libreta o en otros casos, acercarse al monitor/educador para pedir lo que desee.

También se puede establecer un sistema de gestos sencillo para que ambos puedan comunicarse (por ejemplo: gesto de tener hambre tocándose la barriga, gesto de querer agua acercándose el pulgar a la boca, gesto de que quema la comida aleteando la mano junto a la boca, de que no le gusta con gestos en la cara o de que necesita ir al baño señalando el mismo o una imagen del mismo).

Nota

Existen varios modos de comunicación del alumnado con sordera como: la lengua de signos, el manualismo, el oralismo, el sistema bimodal y la comunicación total.

Para una mejor comunicación, podrá hacerse un sistema de apoyo visual con imágenes de las distintas dependencias o las diferentes necesidades generales que puedan requerir, para que el alumno con discapacidad auditiva señale lo que desea.

Alumnado con discapacidad visual (ceguera)

En el caso de alumnado con ceguera o restos visuales no aprovechables, este requiere de un mayor uso del lenguaje. El monitor/educador puede explicarle cada día lo que va a comer, dónde debe sentarse, los pasos a seguir en el WC y servicio, la orientación espacial hasta el comedor o cuarto de baño (si está a la derecha o a la izquierda, si hay escaleras o no, si hay puertas, rampas, etc.); además, también puede explicarle los cubiertos que va a necesitar en cada momento o qué platos van a utilizar.

Al igual que el alumnado con ambliopía, hay que eliminar los obstáculos o barreras arquitectónicas, además de señalar en braille los lugares donde acude el alumno: en este caso serían el comedor y el cuarto de baño.

Sabía que...

El sistema braille fue inventado por Louis Braille en el siglo XIX. Está basado en una combinación de puntos en relieve. Un alumno con ceguera puede escribir con la máquina Perkins o con ordenadores adaptados al braille.

Alumnado con discapacidad motora

En este caso se puede incluir al alumnado que presenta discapacidad motora con afectación en gran parte de su cuerpo; como alumnado que requiera andar con muletas o que se encuentre en silla de ruedas (como tetraplejia). Es muy importante eliminar las barreras arquitectónicas y disponer de ayudas técnicas y mobiliario adecuado; como pueden ser mesas de altura regulable y adaptadas con escotaduras y con reposapiés, al espacio de la silla, pasamanos en el cuarto de baño, suelo antideslizante.

Dentro de este grupo se incluye a aquel alumnado que tiene gran dependencia del monitor/educador, pero que es capaz de comer con cierta autonomía, por eso el monitor/educador le puede ayudar a coger los alimentos que no alcance o a darle de comer cuando esté cansado o le cueste más trabajo.

En el caso del uso de los servicios, la dependencia es mayor, por lo que se verá en el próximo apartado.

Alumnado con discapacidad cognitiva (grave o profunda)

En este caso, el alumnado no comprende de forma adecuada la información del mundo que le rodea, por lo tanto, no comprende las normas de comedor, las instrucciones, los pasos a seguir en el cuarto de baño... por ello, depende de forma directa del monitor/educador para realizar los acciones y guías de pasos. El monitor/educador deberá hacer un uso diario de los sistemas de apoyo visuales, ayudarle a la hora de usar el WC y lavarse las manos y dientes, a la hora de comer.

Sin embargo, algunos de ellos, con el tiempo y las rutinas diarias, pueden llegar a tener una mayor autonomía, por lo que hay que estimularles y recordarles los pasos a seguir en todo momento.

Actividades

15. Realice un esquema indicando los criterios más importantes para la atención del ACNEE con dependencia severa.
16. Escriba más ejemplos de ayudas técnicas para la atención del ACNEE en el cuarto de baño.

Grado III: gran dependencia

La gran dependencia contempla a aquel alumnado que requiere una atención casi total del monitor/educador debido, normalmente, al alto déficit cognitivo asociado que presenta.

Recuerde

Es obligatorio que el monitor/educador lleve siempre puesta la bata limpia, planchada, sin dibujos, ni pegatinas, con la placa de identificación en la que esté escrito su nombre y, en algunos casos, el de la empresa.

En este caso, puede encontrarse alumnado con discapacidad motora grave y alumnado con trastorno generalizado del desarrollo.

Alumnado con discapacidad motora grave

En este apartado se encuentra el alumnado gravemente afectado, cuya movilidad, marcha o motricidad no son adecuadas.

Suele ser alumnado con una discapacidad cognitiva grave asociada; con lenguaje pobre, ininteligible o nulo, que requiere de sistemas alternativos y/o aumentativos de comunicación; que necesita una estimulación multisensorial para estimular sus músculos articulatorios y el tono muscular y adquirir un control postural adecuado.

En el caso de alumnado basal (aquel con discapacidad cognitiva profunda y graves alteraciones en el tono muscular que no dispone casi de autonomía), requiere de una atención permanente de control de esfínteres, control de babeo, que se les dé de comer, llevarlos al cuarto de baño y cambiarles los pañales si utilizan.

También se contempla como alumnado de discapacidad motora de gran dependencia a aquel que está en silla de ruedas y que no puede comer solo debido a su discapacidad motriz y cognitiva asociada y que, como en el apartado anterior, requiere que el monitor/educador lo lleve al cuarto de baño.

Para una adecuada atención del mismo con respecto al lenguaje, se pueden usar sistemas alternativos y/o aumentativos de comunicación, como el SPC (Sistema Pictográfico de Comunicación) que consiste en una serie de dibujos pictográficos para llevar a cabo los seguimientos de órdenes básicos que el alumno puede señalar con el dedo según lo que necesite en cada momento (por ejemplo, el símbolo de comer es una cara con un tenedor al lado).

Nota

El SPC está diseñado para personas con habla nula o inteligible; sirve para elaborar frases cortas, sencillas y claras a través de imágenes pictográficas.

Por otro lado, en la alimentación es aconsejable estar continuamente pendiente del alumnado. Algunos de ellos (como los basales) no pueden masticar, por lo que su alimentación será distinta a la del resto, basada en líquidos, alimentos blandos y puré; y habrá que tener cuidado de que traguen bien, controlen el babeo y no escupan la comida.

También hay alumnado en silla de ruedas que no puede comer de forma autónoma, por lo que habrá que darles de comer y hay que tener en cuenta que deben disponer de mobiliario adaptado, como se ha explicado en el apartado anterior. Con este tipo de alumnado, para lograr cierta autonomía, la atención debe basarse en una estimulación constante de la motricidad, del control del babeo y masticado de comida en caso de basales.

Con respecto al uso de servicios, el monitor/educador debe ayudarles continuamente, incluso hacer las acciones con ellos, como lavarles las manos, boca y cara, cepillado de dientes, sentarlos en el WC para que hagan sus necesidades, limpiarlos o cambiarlos si usan pañales.

En caso de alumnado con movimientos incontrolados de su cuerpo (como espasticidad, atetosis, etc.) hay que intentar llevar un control de los mismos y nunca regañarles por ello, ya que se trata de movimientos involuntarios.

Alumnado con trastorno generalizado del desarrollo

Este alumnado no suele tener desarrollado el lenguaje, por lo que requiere del uso de sistemas alterativos y/o aumentativos de comunicación y ambientes estructurados; necesitan que el comedor sea un lugar lo más tranquilo posible en la medida de las posibilidades. Esto resulta una tarea ardua, ya que en los comedores escolares hay un gran número de niños que hablan alto, gritan, juegan... por ello hay que concienciar al alumnado de la importancia de cumplir las normas de comedor.

Importante

Con respecto al uso de servicios, al igual que con el alumnado con afectación motora, el alumnado con trastorno generalizado del desarrollo también va a requerir ayuda y atención constante.

Actividades

17. Elabore un sistema visual de apoyo de comunicación con el SPC en el cuarto de baño.
18. Indique otra forma de atención del alumnado con trastorno generalizado del desarrollo en el lavado de manos.

7. Resumen

Los programas de lavado de manos van incluidos dentro de los programas de autonomía e higiene personal. Estos programas se realizan con el fin de modificar la conducta del alumnado; son llevados a cabo por el maestro/a de educación especial, en colaboración con el monitor/educador para atender al alumnado con necesidades educativas especiales. Dichas necesidades son valoradas en el centro educativo para poner en marcha las medidas que sean necesarias.

Para llevar a cabo un programa de autonomía e higiene personal es necesario basarse en tales necesidades para desarrollar los objetivos, contenidos y estrategias para lograr una adecuada atención del alumnado.

Algunas de las estrategias son el establecimiento de rutinas de aprendizaje y el uso de sistemas visuales de apoyo a través de aprendizajes significativos, funcionales, sencillos y motivadores.

El alumnado con necesidades especiales puede requerir una atención moderada, severa o presentar una gran dependencia del monitor/educador en el aprendizaje de higiene personal en los comedores escolares; por ello es importante conocer las necesidades de las distintas tipologías de alumnado que se establecen en el sistema educativo.

Ejercicios de repaso y autoevaluación

1. De las siguientes frases, indique cuál es verdadera o falsa:

a. Las necesidades relacionadas con la higiene personal hacen referencia a la adquisición de rutinas y pautas en el lavado de manos, uso del WC y cepillado de dientes.

- ☐ Verdadero
- ☐ Falso

b. El programa de lavado de manos lo realiza monitor/educador.

- ☐ Verdadero
- ☐ Falso

c. El programa de autonomía e higiene personal va dirigido a alumnado con necesidades educativas especiales.

- ☐ Verdadero
- ☐ Falso

2. Relacione los siguientes bloques con su contenido correspondiente:

a. Control de esfínteres
b. Uso de los servicios
c. Aseo e higiene personal
d. Vestido
e. Alimentación/mesa
f. Uso adecuado de las instalaciones del colegio

__ Colgar ropa y mochila en perchero antes de entrar a comedor
__ Diferenciar entre ropa sucia y limpia
__ Lavarse las manos con jabón
__ Indicar con gestos o palabras sus necesidades fisiológicas
__ Lavarse las manos tras realizar sus necesidades
__ Sentarse correctamente

3. **Las estrategias para llevar a cabo un adecuado programa de lavado de manos pueden ser:**

   a. Abrir el grifo, mojar manos, poner jabón, frotar, aclarar y secar con una toalla.
   b. Abrir el grifo, poner jabón, frotar y secar.
   c. Mojar manos, poner jabón, aclarar y secar.
   d. Abrir el grifo, frotar y aclarar.

4. **Busque en la siguiente sopa de letras tipos de programas de autonomía e higiene personal.**

C	E	P	I	L	L	A	D	O
Z	X	Y	A	A	B	C	C	F
E	F	G	H	V	I	J	K	P
L	M	N	Ñ	A	O	P	Q	B
R	S	T	U	D	V	W	X	I
Y	Z	A	B	O	C	D	E	L
B	A	B	E	R	O	S	F	Q

5. **¿Qué estrategias de aprendizaje hay que llevar a cabo en el establecimiento de rutinas? ¿Qué rutinas se pueden llevar a cabo en el comedor escolar?**

____
____
____
____

6. **Complete la siguiente oración:**

El sistema visual de apoyo en el lavado de manos se centra en que el ACNEE asimile los __________ a seguir para ____________ las ____________ y para que lleve a cabo una ____________ diaria durante todo el ____________ al acudir al ____________.

7. **¿Cuáles son las imágenes principales del sistema visual de apoyo en el cepillado de dientes?**

8. **La guía de pasos para ir al WC le resulta más difícil al alumnado porque...**

   a. ... es difícil de aprender.
   b. ... implica numerosos pasos.
   c. ... implica una serie de pasos de mayor dificultad motriz y coordinación.
   d. ... las imágenes no son claras.

9. **Indique cuál de las siguientes medidas no es cierta.**

   a. Los objetivos del programa de colocación de baberos son: abrochar/desabrochar botones; poner/quitar velcro y diferenciar entre ropa sucia y limpia.
   b. Los pasos de colocación de baberos son: una manga, otra manga y abrochar los botones.
   c. El principal objetivo en el programa de colocación de baberos es que el alumnado se lo ponga con autonomía.
   d. Al comenzar el programa de colocación de baberos debe hacerse sin la ayuda del monitor/educador.

10. **¿En qué consiste el programa de colocación de batas?**

11. ¿Es importante tener en cuenta las necesidades del alumnado a la hora de establecer el programa de autonomía e higiene personal? ¿Por qué?

12. Complete la tabla:

Necesidades	Alumnado con discapacidad auditiva	Alumnado con discapacidad visual	Alumnado con discapacidad motora	Alumnado con discapacidad cognitiva	Alumnado con trastorno generalizado del desarrollo
Necesidades de atención en la alimentación e higiene personal					

13. ¿En qué consiste la dependencia moderada? ¿Qué tipo de alumnado se atiende en este grupo?

14. De las siguientes frases, indique cuál es verdadera o falsa:

a. El alumnado con sordera requiere de sistemas visuales de apoyo.

- ☐ Verdadero
- ☐ Falso

b. El alumnado con ceguera requiere de sistemas visuales de apoyo y explicaciones orales.

- ☐ Verdadero
- ☐ Falso

c. El alumnado con discapacidad motora (tetraplejia) tiene una dependencia severa del monitor/educador.

- ☐ Verdadero
- ☐ Falso

15. ¿Cómo atendería a alumnado con discapacidad motora (basal)? ¿Qué tipo de dependencia requiere?

____
____
____
____

Capítulo 2

Interacción del ACNEE en el espacio del comedor escolar

Contenido

1. Introducción

El ser humano necesita de la interacción social para desarrollarse plenamente como persona. Cuando nace es dependiente del resto para sobrevivir y a lo largo de la vida busca el afecto, compresión, respeto, la interacción con el grupo de iguales. El término interacción hace referencia a la socialización y comunicación que establecen las personas.

Este término, en relación al ACNEE, adquiere aún más importancia, ya que estos alumnos dependen de una forma u otra del resto. Al hablar de ACNEE, el término interacción va unido con el de integración, ya que una adecuada interacción del ACNEE se desarrollará si existe una buena integración del alumnado en el contexto escolar, social y familiar. Por ello, es importante analizar la integración del ACNEE.

La educación es considerada un derecho social y, por tanto, se dirige a todos los ciudadanos en un plano de igualdad con ausencia de cualquier discriminación. Una educación integradora debe asumir el compromiso de compensar desigualdades y hacer efectivo el principio de igualdad de oportunidades.

Por todo ello, una respuesta educativa adecuada a todo el alumnado se concibe a partir del principio de inclusión, entendiendo que únicamente de ese modo se garantiza el desarrollo de todos, se favorece la equidad y se contribuye a una mayor cohesión social. Dicho concepto es recogido por la Ley Orgánica 3/2020, de 29 de diciembre, por la que se modifica la Ley Orgánica 2/2006, de 3 de mayo, de Educación.

Todo el alumnado tiene derecho a que se le ofrezcan posibilidades educativas y de interacción en las condiciones más normalizadoras posibles, que favorezcan el contacto y comunicación con los compañeros y que les permita en un futuro integrarse y participar mejor en la sociedad.

2. Factores que favorecen

La interacción o integración del ACNEE debe basarse en el principio de inclusión, es decir, bajo las condiciones más normalizadoras posibles. Por eso, el espacio de comedor debe ser un lugar en el cual también se cumpla este principio, donde el alumnado con necesidades no quede excluido del resto de alumnado del centro escolar.

Nota

La escuela inclusiva de la actualidad se rige por los principios pedagógicos que deben orientar las propuestas de los centros a su alumnado. Estas propuestas deben estar presididas por el principio de inclusión educativa, según se plasma en la actual Ley Orgánica 3/2020, de 29 de diciembre, por la que se modifica la Ley Orgánica 2/2006, de 3 de mayo, de Educación.

La mesa de comedor del ACNEE debe estar situada cerca de la puerta más cercana al patio o exteriores por razones de seguridad en caso de evacuación (por incendio u otras situaciones peligrosas).

Por otro lado, por razones de necesidad, el ACNEE debe ser atendido por un monitor o educador de educación especial. Aun con estas características, este alumnado debe interaccionar con su grupo de iguales y con el resto de compañeros.

Para explicar los factores que favorecen en la interacción del alumnado en el espacio de comedor escolar, hay que analizar antes otros aspectos. Como son las necesidades que este alumnado presenta a nivel afectivo social, las cuales hay que tener en cuenta a la hora de atenderles en cualquier ámbito. Para ello, se analizarán dichas necesidades de las diferentes tipologías de alumnado.

2.1. Tipos de discapacidad del alumnado

A continuación, se explican las necesidades de interacción social atendiendo al tipo y grado de discapacidad del alumnado con necesidades especiales.

Alumnado con deficiencia auditiva (hipoacusia)

Este alumnado necesita de un mayor número de situaciones de interacción social que le permitan comunicarse.

Recuerde

La hipoacusia es la perdida leve de la audición con restos auditivos aprovechables.

El intercambio comunicativo de este alumnado puede potenciarse a través de varias experiencias como: ofrecerles un mayor número de explicaciones orales, hablarle cerca del oído para estimular sus restos auditivos y que escuche mejor lo que puedan decirle tanto los compañeros como los especialistas, usar imágenes de intercambio comunicativo a través de pictogramas como saludo, despedida, etc.

Alumnado con deficiencia auditiva (sordera)

El alumnado con sordera o cofosis requiere de situaciones que favorezcan, compensen y estimulen su pérdida auditiva.

Para ello se pueden utilizar sistemas de apoyo visual con pictogramas. Además de ofrecerle cariño corporal (como abrazos), presentarle a los compañeros a través de fotografías y explicarle las características de cada uno para que los conozca mejor.

Actividades

1. Explique situaciones de intercambio comunicativo que compensen la pérdida auditiva de un alumno con sordera.
2. ¿Por qué cree que un alumno con sordera requiere más experiencias afectivas?

Alumnado con discapacidad visual (ambliope)

El alumnado con ambliopía requiere de situaciones de interacción social que le permitan desarrollar habilidades sociales.

La falta de visión del alumnado con discapacidad visual dificulta en cierto modo su interacción con el resto de personas. Por lo que pueden presentar varios factores negativos ante la falta de visión, tales como: inseguridad, dependencia del resto de personas, ansiedad, falta de autonomía y baja autoestima. Estos factores pueden desaparecer si se les ofrecen experiencias sociales adecuadas y la posibilidad de participar en situaciones grupales.

Para potenciar las situaciones de intercambio social de este alumnado es posible utilizar sistemas visuales de apoyo para la presentación de los compañeros con imágenes llamativas, ofrecerle mayor número de explicaciones orales y de experiencias comunicativas entre los compañeros, etc.

Otro de los métodos de intercambio social que se puede llevar a cabo es la enseñanza tutorizada. Es decir, se le asigna al alumno un compañero de referencia que le ayude a orientarse, que le explique los juegos, que le ayude a desenvolverse en situaciones de la vida cotidiana, etc., cuyo objetivo principal es la estimulación del intercambio social y aumento de la autonomía.

Nota

La elección de este/a compañero/a de referencia debe hacerse atendiendo a una serie de criterios: edad, afinidad, si pertenecen a la misma clase, etc.

Alumnado con discapacidad visual (ceguera)

El alumnado con ceguera necesita adquirir una serie de rutinas básicas en las situaciones de intercambio comunicativo. Este aspecto hace referencia a que requieren una serie de apoyos para comunicarse con el resto de compañeros o personal del centro, como pueden ser:

- **Apoyos verbales:** presentaciones orales de las personas que le rodean. Explicarle con quién se va a sentar en el comedor cada día o con quién puede jugar.
- **Enseñanza tutorizada:** asignación de algún compañero que sirva de punto de referencia y apoyo.
- **Uso del sistema braille:** para que conozca mejor a los compañeros y personal que le va a atender pueden escribirse los nombres en braille o si el alumno domina este sistema que los escriba él mismo con la máquina Perkins o el ordenador adaptado.

Sabía que...

A través de la enseñanza tutorizada se refuerza la interacción del alumnado y el que requiere el apoyo aprenderá más con un igual que con un adulto porque le resulta más motivador.

Alumnado con discapacidad motora

La discapacidad motora trae consigo dificultades para explorar, explotar o manipular el mundo físico que nos rodea; esta discapacidad conlleva una interacción anómala con el mundo social.

La motricidad reducida o poco controlada (debido a espasticidad, atetosis, etc.) determina una interacción alterada con las personas porque estos niños no pueden producir muchos de los gestos que el entorno social utiliza (gesto de sorpresa, emoción, alegría o tristeza).

Por otro lado, este alumnado presenta dificultades para intentar mantener la atención de otras personas y para transmitir afectos.

El déficit para comunicarse, la baja autoestima y autonomía, la falta de control sobre los objetos, sobre los acontecimientos y las personas del entorno trae consigo limitaciones en el desarrollo social del niño con discapacidad motora.

Para potenciar su comunicación e interacción grupal se pueden usar sistemas alternativos y/o aumentativos de comunicación y ofrecerle situaciones de exploración y explotación del mundo físico que le rodea para que pueda establecer una interacción más adecuada con el mundo social.

Ejemplo

Puede ser encargado de la mesa de comedor de servir el agua al resto de compañeros, esto supone una mejora de la motricidad fina, aumento de autonomía y de autoestima porque considera que es útil y que ayuda a sus compañeros; también supone una mejora de la socialización.

Aplicación práctica

Laura es una niña de 10 años de edad con tetraplejia. Tiene un lenguaje ininteligible debido a su discapacidad motora, por lo que su relación con lo demás se hace más complicada.

Explique qué acciones llevaría a cabo para atender a Laura.

SOLUCIÓN (Posible solución)

Para atender a Laura se pueden realizar las siguientes acciones:

- Explicarle de forma oral quién es cada uno, lo que le gusta comer y dónde se sientan.
- Nombrarla por un día encargada de la mesa. Para que controle que todos deben guardar silencio. Mostrarle la imagen de silencio pictográfica para que ella sepa realizar el mismo gesto.
- Enseñarle a que salude y se despida de sus compañeros/as con gestos (mostrar las imágenes pictográficas de saludo y despedida).

Alumnado con discapacidad cognitiva

El alumnado con discapacidad cognitiva puede tener dificultades para relacionarse y puede carecer de habilidades para hacer amistades e integrarse en el grupo, lo que puede acabar en aislamiento social. Además, pueden presentar reacciones de ansiedad, baja autoestima, sentimiento de inferioridad y miedo al fracaso.

Por todo ello, en relación al desarrollo afectivo social, necesitan adquirir habilidades sociales básicas, normas de comportamiento y desarrollar una autoestima positiva.

Para reforzar estos aspectos que puede presentar el alumnado con discapacidad cognitiva se pueden utilizar los elogios, palabras motivadoras y agradables, hacerles sentir importantes dentro del grupo (usando el mismo ejemplo que en el apartado anterior, nombrándoles encargados de mesa de comedor, o que ayuden en los pasos a llevar a cabo en el cuarto de baño al alumnado con falta de autonomía); también hay que enseñarles normas de comportamiento adecuadas a través de sistemas de apoyo visual.

Alumnado con trastorno generalizado del desarrollo

El alumnado con autismo o con otras alteraciones parecidas a este síndrome presenta graves dificultades para interaccionar con el mundo social que le rodea. Esto es debido a la falta de lenguaje, a que carecen de empatía —no saben ponerse en el lugar de los otros—, no entienden los sentimientos y emociones de ellos mismos ni de los demás, no saben interpretar el lenguaje gestual de los otros y no saben transmitir afecto a los demás.

Por este motivo, es muy importante reforzar la interacción de este alumnado con el resto, para que aprendan un mínimo de normas sociales y para que desarrollen relaciones socioafectivas. Para potenciar la comunicación se pueden usar sistemas pictográficos, imágenes, fotografías, etc.

Sabía que...

Una de las formas de desarrollar la empatía del autista es a través de ejercicios de *role-playing:* pequeños teatros en los que un alumno se sienta triste por algo y otro le de afecto y cariño por ello.

2.2. Factores que favorecen la interacción del ACNEE en el espacio de comedor escolar

La interacción o socialización ayuda a cada individuo en el aprendizaje de los aspectos de la vida cotidiana porque a través de la imitación y relación el niño va construyendo su aprendizaje y comprende mejor el mundo que le rodea.

Para que la interacción del ACNEE en el comedor escolar sea adecuada es necesario que el monitor/educador sirva de apoyo y guía estableciendo relaciones socioafectivas. Para ello, se pueden potenciar situaciones de intercambio comunicativo entre los compañeros y entre el alumnado y el monitor/educador.

A la hora de potenciar situaciones de intercambio comunicativo entre el alumnado es importante tener en cuenta en todo momento el estado de ánimo del niño —considerando las aportaciones de Goleman en su estudio sobre las emociones—. Es decir, hay que tener en cuenta si el alumno se encuentra bien, si está triste o contento, si tiene algún problema, si quiere relacionarse con los demás, si le apetece hablar o expresarse...

La interacción del ACNEE en el espacio del comedor escolar conlleva una serie de factores positivos en el alumno.

Estos factores se pueden analizar a través de las distintas áreas del desarrollo del alumnado que a continuación se presentan:

1. **A nivel afectivo social:** este apartado recoge las aportaciones de *Vygotsky* en su estudio sobre el desarrollo afectivo social y la influencia que tiene el contexto social, familiar y escolar en el niño. Haciendo hincapié en el contexto escolar, este es un lugar que influye de forma positiva en el niño en cuanto a la socialización, ya que el contacto con otros iguales le permite compartir experiencias y aprender a través de la imitación de otros.
   El espacio de comedor escolar es un lugar de interacción social constante con los compañeros y monitor/educador, donde deben aprender normas sociales, comportamientos adecuados, usar un lenguaje apropiado a la hora de comer, como no decir palabrotas ni cosas fuera de lugar.
   El uso de comedor también supone el desarrollo de la autonomía, la madurez y la adquisición de una autoestima más positiva al relacionarse con los demás y al comprobar que son capaces de hacer tareas por sí mismos.
2. **A nivel psicomotor:** a través de las experiencias, el niño consigue una serie de avances en su desarrollo motor.

El espacio de comedor favorece el desarrollo de su motricidad fina (cogiendo los cubiertos, usándolos, sirviendo agua), favorece su marcha (al caminar de forma ordenada y en fila). Es adecuado para la organización espacio-temporal, ya que deben seguir una serie de rutinas y de pasos en el uso de servicios, lo que supone una organización temporal. Deben saber llegar del lugar donde se encuentren (clase, patio) hasta el comedor y sentarse en el lugar asignado, lo cual supone una organización espacial. Además, ayuda al aprendizaje del control de esfínteres (al tomar hábitos de higiene en el cuarto de baño).

3. **A nivel cognitivo:** al igual que el punto anterior, el aprendizaje de rutinas y guías de pasos y el uso de sistemas visuales de apoyo en el horario de comedor escolar supone un desarrollo de la inteligencia del alumnado, ya que este adquiere pautas de aprendizaje. Por otro lado, uno de los objetivos importantes en el uso de comedor y cuarto de baño es reconocer sus partes del cuerpo, lo que favorece el desarrollo de la inteligencia representacional en relación al esquema corporal. Además, la interacción con el grupo supone un aprendizaje diario de rutinas, diálogos, normas, etc.
4. **A nivel del uso del lenguaje:** de forma diaria, en el comedor escolar se produce un intercambio comunicativo que incita al alumno a establecer conversaciones con los iguales o monitor/educador. Este puede incitarle a que se exprese de forma correcta, haciéndole preguntas (si le gusta la comida, cómo se encuentra, si necesita ir al WC, etc.) o estableciendo diálogos (hablar del menú, de los alimentos o de los compañeros).

Actividades

3. Enumere otros factores que crea que pueden favorecer la interacción del alumnado en el espacio de comedor escolar.
4. Seleccione las ventajas que supone el comedor escolar en la interacción del alumnado.

Por otro lado, existen otros factores que favorecen la interacción del ACNEE en el espacio de comedor escolar, entre ellos se encuentra el desarrollo de los siguientes valores:

1. **Respeto:** porque el ACNEE debe respetar a su grupo de iguales y al monitor/educador a través de una serie de normas sociales establecidas. Y el resto de alumnado debe tomar conciencia y ser respetuoso con el alumnado con necesidades especiales; ser conscientes de que comparten experiencias con alumnado con discapacidad al cual deben tratar del mismo modo que al resto de compañeros.
2. **Tolerancia:** todo el personal y el alumnado que acude al comedor debe aprender a convivir bajo un clima de convivencia escolar adecuado, siendo tolerantes con las diferencias individuales de cada persona.
3. **Compañerismo:** el compañerismo conlleva ayudar a los demás, ser respetuoso y tolerante. La presencia de ACNEE en el comedor escolar implica la interacción constante de los especialistas dedicados a la atención de este alumnado y además implica que el resto de alumnado pueda relacionarse con el ACNEE para jugar, ayudarles o comunicarse.

Estos valores se desarrollan de forma intrínseca en todo el alumnado que acude al comedor.

Afinidad con los compañeros

Para agrupar al alumnado en el espacio de comedor escolar, cada monitor/educador puede considerar los siguientes criterios:

1. **Según edad o nivel de desarrollo madurativo:** no es conveniente intentar que establezcan intercambios comunicativos adecuados un alumno de tres años con uno de 11 o de diferentes grados de desarrollo madurativo.
2. **Según el curso o clase en el que se escolarizan.**
3. **Según el grado y tipo de discapacidad:** al alumnado con mayor dependencia y afectación hay que sentarlo al lado del monitor/educador para que este pueda atenderle ante cualquier necesidad o emergencia. Por otro lado, no sería adecuado intentar que tenga relaciones de interacción adecuada un alumno con sordera con un alumno que no puede comunicarse de forma oral.

4. **Según grado de afinidad:** es decir, según las relaciones sociales que el propio alumnado haya establecido entre sí como: amistad, afinidad, si se conocen de otros cursos.
5. **Según comportamiento:** si hay alumnos/as que tienen conductas disruptivas o comportamientos negativos o desafiantes, no es conveniente sentarlos juntos o cerca, con el objeto de ir eliminando dichas conductas.
6. **Según nivel de autonomía:** es conveniente que el alumnado con mayor autonomía para comer o servirse sea intercalado en los asientos con el de menor autonomía para que se ayuden entre ellos y el alumnado de menor autonomía pueda desarrollar un nivel superior.

Nota

Todo espacio compartido por varias personas favorece siempre la socialización y al desarrollo de valores y normas sociales.

El monitor/educador puede observar y analizar al alumnado que atiende en su mesa de comedor para comprobar los grados de afinidad que establecen entre ellos mismos.

Recuerde

La autonomía es aquella capacidad que tiene una persona para realizar una acción sin depender de alguien.

3. Factores que condicionan

Hay varios factores que condicionan en la interacción del ACNEE en el espacio del comedor escolar debido al grado y tipo de discapacidad que presenten.

La atención del ACNEE en el comedor escolar supone en ocasiones el uso de ayudas técnicas —como ocurre cuando hay alumnado con discapacidad motora—.

Por otro lado, para proporcionar al ACNEE una atención adecuada son precisos apoyo físico (personal especializado) y una ubicación en el comedor regida bajo una serie de criterios.

3.1. Ayudas técnicas

A la hora de hablar del uso de ayudas técnicas en un comedor escolar hay que analizar el alumnado que requiere del uso de las mismas, ya que dependiendo del grado y tipo de discapacidad necesitarán unas ayudas u otras.

Definición

Ayudas técnicas
"Todo dispositivo, utensilio, aparato (adaptado o no), productos de la tecnología que se crean con la finalidad de suplir o completar las limitaciones funcionales de las personas discapacitadas". Serón y Aguilar, 1994.

En este apartado se va a hacer mención a las ayudas técnicas que requiere el alumnado con discapacidad auditiva, visual o motora; ayudas necesarias para que este alumnado pueda interaccionar con el resto en el espacio de comedor escolar.

Actividades

5. Defina con sus palabras qué son las ayudas técnicas.
6. Enumere las ayudas técnicas que conozca para interaccionar en el espacio de comedor.

Ayudas técnicas para el alumnado con discapacidad auditiva

La atención del alumnado con discapacidad auditiva precisa una serie de recursos materiales para aprovechar sus restos auditivos o para que puedan comunicarse con los demás.

Las ayudas técnicas para este tipo de alumnado son la **amplificación y/o modificación del sonido,** mediante:

- **Audífonos:** es un micrófono que tiene un auricular que se gradúa en función de la pérdida auditiva.
- **Amplificadores:** son aparatos que reciben la señal acústica y la emiten de forma ampliada por un altavoz.
- **Codificadores de sonido:** son implantes cocleares que sustituyen a la cóclea y modifican el sonido que llega al oído.

Existen más tipos de ayudas técnicas para aprovechar los restos auditivos del alumnado con discapacidad auditiva, pero no es importante mencionarlas en este apartado.

Por otro lado, aparte de las ayudas descritas, las más vistas en un comedor escolar van a ser las que el propio alumno lleve puesta, como los implantes cocleares o las mencionadas en la primera clasificación, ya que el resto de ayudas técnicas están más enfocadas a la atención educativa.

Definición

Implantes cocleares
Son prótesis internas que se implantan quirúrgicamente en las células de la cóclea o al nervio auditivo.

Ayudas técnicas para el alumnado con discapacidad visual

Existen varios recursos materiales en relación a la atención educativa del alumnado con discapacidad visual. Sin embargo, en este apartado se hará mención a aquellos que precise el alumnado para comunicarse, desplazarse —en caso de ceguera— o que sirvan para aprovechar sus restos visuales en el espacio de comedor escolar.

Recursos para la lectoescritura en braille

En caso de que el alumno tenga una discapacidad visual grave o ceguera y necesite comunicarse a través de la escritura, existen varios tipos de ayudas para el uso del braille como:

- Regleta amarilla.
- Máquina Perkins.
- Ordenador adaptado, con teclado en braille.
- Pauta y punzón.

Estos materiales no van a ser fundamentales en el espacio de comedor escolar pero cabe destacarlos en caso de que sean utilizados. De entre ellos, el más usado en la actualidad es el ordenador adaptado, ya que resulta más cómodo, rápido y eficaz que el resto de instrumentos.

En el caso de usar los sistemas visuales o guías de pasos, es imprescindible que la letra esté escrita en braille para que el alumnado con ceguera pueda comprender la información y combinarlo con explicaciones orales. Los lugares a los que va a acudir este tipo de alumnado también es necesario señalizarlos con el sistema braille —la palabra comedor en braille y la palabra cuarto de baño en braille—:

Algunas de estas ayudas técnicas son las que se muestran a continuación.

Ordenador adaptado al braille

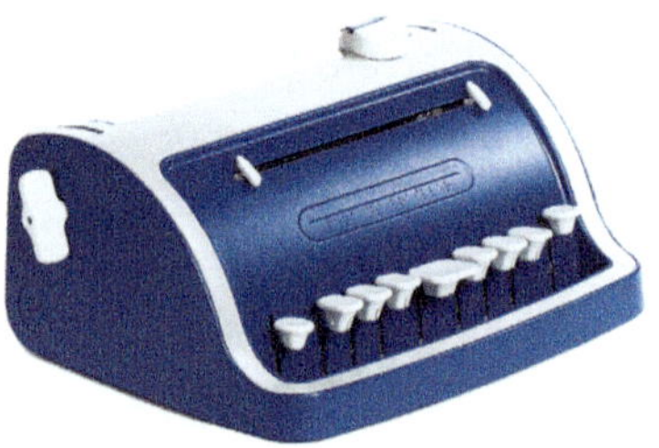

Máquina Perkins

Recursos para la movilidad

El alumnado con ceguera requiere ayudas técnicas para moverse por el espacio (del aula al comedor o al cuarto de baño), como puede ser el uso del bastón para personas con ceguera.

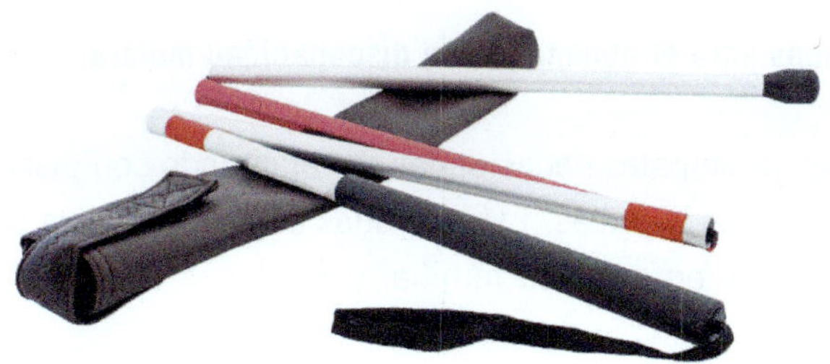

Bastón abatible para personas con ceguera

Medios para facilitar el aprovechamiento de restos visuales

Estos son usados por el alumnado con ambliopía que requiere que la letra o imágenes sean ampliadas para ver de forma adecuada mediante lentes o lupas. Los sistemas visuales de apoyo y las guías de pasos pueden tener imágenes llamativas, coloridas y estar aumentadas para que puedan verlos de forma más fácil.

No es necesario que el monitor/educador sepa braille, ya que estas ayudas son adaptadas por los profesionales implicados en la educación del niño, pero es recomendable que conozca, al menos, las palabras escritas en los sistemas visuales para poder explicarle los pasos con mayor facilidad.

Actividades

7. Explique cómo le enseñaría a un alumno con ceguera a llegar al comedor escolar. Especifique las explicaciones orales.
8. ¿Qué ayuda técnica cree que es la más importante para un alumno con ceguera en el comedor?

Ayudas técnicas para el alumnado con discapacidad motora

Una de las principales necesidades del alumnado con discapacidad motora es el uso de ayudas técnicas. Estas ayudas están dirigidas a la integración del alumnado en el entorno social, familiar y escolar.

Algunas de las ayudas técnicas para atender a este alumnado en un comedor escolar pueden ser las que se describen a continuación.

Eliminación de barreras arquitectónicas

La incorporación del alumnado con discapacidad motora en los centros exige una serie de cambios en los espacios. Las adaptaciones más comunes son:

- Sustituir los escalones por rampas o añadir un acceso con rampa.
- Ubicación de barandas con pasamanos para alumnado que puede andar pero al que le cuesta mantener la marcha y el equilibrio.
- Puertas anchas para alumnado en silla de ruedas o poner dos puertas que puedan abrirse.
- Añadir puntos de sujeción, como barras en los pasillos.
- Uso de ascensores para el alumnado en silla de ruedas o con poca movilidad motora.
- Uso de elevadores para alumnado en silla de ruedas que requiera subir a autobuses.

De las ayudas mencionadas, las más importantes para el uso de comedor escolar serían las puertas anchas, los pasamanos, las barras y las rampas.

Adaptaciones en el cuarto de baño

Las adaptaciones que se pueden realizar en el baño son las siguientes:

- Ubicar el WC con espacio adecuado entre la puerta del cuarto de baño para que haya espacio suficiente a la hora de trasladar al niño de la silla al WC.

- Altura del WC similar al de la silla para facilitar el traslado.
- Uso de barras de sujeción para usarlo de punto de apoyo para sentarse o levantarse.
- Puntos y barras de sujeción destinados al alumnado con movilidad motora afectada pero que se mantiene de pie, para que puedan agarrarse a las mismas a la hora de vestirse/desvestirse.
- Suelos antideslizantes.

El cuarto de baño debe ser un lugar seguro para el alumnado. El monitor/educador debe servir de punto de apoyo y de guía.

Adaptaciones en el mobiliario

Las adaptaciones que se pueden hacer al mobiliario son las siguientes:

- Sillas con cuñas, tacos o reposapiés. Para que el alumnado pueda sentarse más cómodo y apoye los pies.
- Mesas con altura regulable, con reborde o escotaduras (con hueco para meter a niños/as en silla de ruedas).

Este punto es muy importante en el comedor escolar, ya que el mobiliario debe adaptarse al alumnado y que así este pueda interaccionar de forma adecuada en el espacio.

Mesa con escotaduras

Adaptaciones en la comunicación

Existen alumnos con discapacidad motora que no pueden comunicarse de forma oral debido a la afectación motora que presentan o a un retraso cognitivo grave asociado. Los sistemas visuales de apoyo y el uso del Sistema Pictográfico de Comunicación sirven de gran ayuda para que puedan comunicarse o entiendan la información que se les presenta. La utilización de ayudas técnicas para el ACNEE debe llevarse a cabo de la forma más normalizadora e integradora posible. Si el centro no dispone de tales ayudas o adaptaciones, es necesario instalarlas lo antes posible para que el uso del comedor, del cuarto de baño y los espacios de acceso a los mismos sean seguros, de fácil acceso y con eliminación de barreras arquitectónicas.

Recuerde

Las ayudas técnicas están dirigidas a la integración del alumnado en el entorno social, familiar y escolar.

Aplicación práctica

Andrés es un niño de 8 años de edad con tetraplejia. Está en silla de ruedas y requiere de ayudas técnicas en el comedor. Determine qué espacio físico ocupa, teniendo en cuenta que requiere una mesa con escotaduras.

SOLUCIÓN

Lo más importante a tener en cuenta es que no se puede desplazar a Andrés, ni aislar, ni sentar en un lugar aparte. Aunque requiera de una mesa con escotaduras, este debe situarse al lado de su grupo de iguales, donde todos van a comer. La mesa puede ponerse pegada a la mesa grande donde come el grupo.

3.2. Necesidad de apoyo físico

La necesidad de apoyo físico hace referencia a los recursos personales o humanos que el ACNEE requiere para su atención en un centro educativo.

Los recursos personales son considerados un medio que facilita el acceso al currículo del ACNEE. Estos varían en función del número de alumnado con necesidades especiales a atender en el centro.

Importante

La atención del ACNEE requiere una adecuada coordinación de todos los profesionales implicados y es fundamental la colaboración de la familia.

De todos los profesionales implicados en la atención al alumnado, en este apartado se va a hacer hincapié a aquel que interviene en la elaboración o desarrollo de los programas de autonomía e higiene personal y, concretamente, en sus funciones en relación al uso del comedor escolar:

1. **Maestro de pedagogía terapéutica:** el maestro de pedagogía terapéutica atiende al alumnado con necesidades especiales. Este es quien elabora el programa de autonomía e higiene personal en colaboración con el tutor de aula en caso de que el alumnado se encuentre integrado; y en colaboración con el monitor/educador. Si atiende a alumnado escolarizado en un aula específica, actúa como único tutor y si actúa como maestro de apoyo a la integración, comparte la tutoría del alumnado junto con el tutor/a del aula ordinaria. Además, elabora y asesora en la adaptación de materiales como el uso de sistemas visuales de apoyo, uso de SPC, etc.
2. **Monitor de educación especial/integrador social:** colabora en la elaboración y desarrollo de los programas de autonomía e higiene personal con el maestro de pedagogía terapéutica y atiende al ACNEE en el comedor escolar y en el cuarto de baño. Se encarga también de los desplazamien-

tos del alumnado con discapacidad motora. La presencia del monitor/educador en el comedor escolar es fundamental, ya que sirve de apoyo y guía al ACNEE.

3. **Tutor/a:** colabora en la elaboración del programa antes mencionado.
4. **Orientador:** es quien elabora la evaluación pedagógica y el dictamen de escolarización. Es decir, con su intervención se establece el alumnado que se va a atender en los centros, el grado de discapacidad que presenta y sus necesidades. En algunos casos puede orientar en el uso de material y ayudas técnicas a utilizar y puede orientar en las estrategias a llevar a cabo.
5. **Los diferentes equipos de atención educativa al alumnado con discapacidad:** estos equipos hacen referencia a los equipos especializados en la atención de cada discapacidad del alumnado, como por ejemplo: el equipo de atención al alumnado con discapacidad motora, el equipo de atención al alumnado con discapacidad visual o de atención al alumnado con discapacidad auditiva. Estos equipos se encargan de funciones específicas como asesoramiento en el uso de material específico (uso del braille, de SPC, de sistemas visuales de apoyo, de guías de pasos, etc).
6. **Médico rehabilitador o fisioterapeuta:** puede asesorar al monitor/educador en los desplazamientos del alumnado con discapacidad motora para que lleve una marcha adecuada, tenga un buen control postural o asesorar en el uso de sillas de ruedas.
7. **Trabajador social:** una de sus funciones es asesorar a la familia sobre cómo llevar a cabo las estrategias para eliminar las conductas disruptivas del alumnado.

El maestro de pedagogía terapéutica, como tutor del ACNEE, tiene la responsabilidad de asegurar la coordinación entre todos los profesionales y la familia. Todos los profesionales deben seguir una línea común en cuanto a metodología y programas a llevar a cabo; por eso deben llevar un seguimiento continuado del alumnado a través de reuniones, cuadernos de observación, etc.

Actividades

9. De los recursos personales mencionados, ¿quiénes no pertenecen al centro educativo?
10. Especifique más funciones del monitor/educador en un centro educativo relacionadas con la higiene y autonomía personal.

3.3. Ubicación del comedor dentro del centro escolar

La ubicación del comedor dentro del centro escolar debe realizarse atendiendo a una serie de criterios:

- El comedor escolar debe estar situado en la planta baja del centro escolar para que exista una buena accesibilidad de todo el alumnado y profesionales.
- Debe tener como mínimo dos puertas de acceso y una de ellas dará al patio o exteriores. Esto debe cumplirse para llevar a cabo el plan de evacuación contra incendios o accidentes de los comedores escolares. Si ocurre algún accidente, el alumnado deberá abandonar el espacio de comedor y salir por la puerta más cercana al exterior.
- En el comedor escolar hay que procurar que no existan barreras arquitectónicas y eliminar los obstáculos posibles para asegurar la accesibilidad y seguridad. Por ejemplo, no puede haber cajas en el suelo o mobiliario en mitad de un pasillo, las mesas deben estar colocadas de forma ordenada y con espacios entre ellas.
- El acceso al comedor es aconsejable que sea a través de puertas grandes para que el alumnado pueda acceder con más comodidad y para asegurar el acceso al alumnado en silla de ruedas.
- Debe haber rampas de acceso al comedor en caso de que haya escalones y barras de sujeción o pasamanos que sirvan de ayuda al alumnado en silla de ruedas o con problemas motores.
- El número de alumnos debe ajustarse al espacio de comedor, es decir, no superar el aforo permitido en cada comedor. En caso de que haya un gran número de alumnos se podrán establecer dos turnos.

- El comedor escolar debe estar provisto de, al menos, un extintor en caso de incendio y de, al menos, un botiquín de primeros auxilios.

Por otro lado, la mesa de comedor debe situarse en el comedor atendiendo a los siguientes criterios:

- La mesa debe ser grande para que el alumnado pueda sentarse cómodamente.
- La mesa debe estar situada lo más cerca posible de la puerta que da al patio o exteriores para evacuar al ACNEE lo antes posible en caso de accidente o incendio.
- Es aconsejable que la mesa esté situada cerca de la ventanilla de cocina para que el monitor/educador pueda recoger los alimentos mientras está pendiente del alumnado.
- La mesa de comedor del ACNEE no debe ser una mesa aislada a las del resto de comensales.

La ubicación del comedor dentro del centro escolar debe tener la mejor accesibilidad posible.

Nota

El espacio de comedor escolar debe ser un lugar donde se cumplan los principios de inclusión e integración.

4. Factores que dificultan

Existe una serie de factores que dificultan la labor del monitor/educador en el comedor escolar con respecto a la actitud del alumnado al que atiende, factores que impiden llevar a cabo una organización adecuada a través de rutinas y que se considere estable.

Estos factores son los relacionados con los problemas de conducta del ACNEE y la provocación de problemas conductuales que pueden causar a sus compañeros.

Sabía que...

Los problemas conductuales se pueden manifestar a través de rabietas, depresión, conductas desafiantes, incumplimiento de órdenes y de normas sociales establecidas.

4.1. Problemas de conducta del ACNEE

Dentro el ámbito escolar pueden existir problemas de conducta del alumnado, por lo que es importante que todos los profesionales intenten paliar o eliminar estas conductas negativas para que puedan interaccionar con el resto.

Es importante que los profesionales que atienden al alumnado con posibles problemas de conducta sepan diagnosticar las causas de dichos problemas a fin de poder aplicar las medidas necesarias que influyan sobre ellos de una manera racional y aceptable.

Actividades

11. Enumere una serie de medidas a llevar a cabo con el alumnado con problemas conductuales para eliminar tales conductas.
12. Seleccione una serie de causas por las que cree que el alumnado pueda tener problemas de conducta en el comedor escolar.

Antes de exponer los problemas de conducta resulta conveniente especificar los factores que intervienen para que se den dichos problemas.

Siguiendo las aportaciones de Carr (1996), la conducta negativa atiende a los siguientes factores:

1. La conducta problemática generalmente cumple un objetivo para la persona que la manifiesta.
2. La eliminación de las conductas negativas solo es eficaz a medio y largo plazo.
3. El objetivo de la intervención, por tanto, no puede ser solo la supresión de dicha conducta sino la educación, en el sentido de facilitar al niño nuevas formas de comunicarse con los demás de forma eficaz.
4. Los problemas de conducta tienen generalmente muchas finalidades, por lo que requieren muchas intervenciones.
5. La intervención debe basarse en cambiar sistemas sociales, no al propio niño.
6. Se trata de cambiar el estilo de vida del niño.

El ACNEE con discapacidad puede presentar problemas de conducta que suelen estar asociados a la propia discapacidad (problemas sensoriales, cognitivos, de atención, etc.). Esto quiere decir que debido a que no comprenden de forma adecuada el mundo que les rodea, necesitan llamar la atención, sienten frustración y ansiedad y lo pueden llegar a manifestar con conductas desafiantes, problemáticas y negativas.

Por otra parte, es importante tener en cuenta el contexto del alumno, ya que repercute de forma directa en su comportamiento. Las características negativas de los contextos que influyen en el alumnado pueden provenir de contextos socioeconómicos empobrecidos; alumnado que vive en situaciones sociales desfavorecidas; contextos desestructurados —padres que no se llevan bien, familias separadas—; situaciones de exclusión social; amistades que no son adecuadas, etc.

? Sabía que...

El alumnado que vive en situaciones sociales desfavorecidas es contemplado en la legislación educativa actual como alumnado con necesidades específicas de apoyo educativo al que hay que atender bajo una serie de medidas y con una serie de recursos personales.

Por todo ello es importe analizar el contexto de donde proviene el alumno, no etiquetar su comportamiento e intentar cambiar el contexto social, no al niño.

A continuación, se van a analizar los distintos problemas de conducta en el ACNEE y los factores que pueden dificultar la interacción en el comedor escolar a causa de tales conductas.

Clasificación de los problemas de conducta

Una de las clasificaciones más usadas es la de *American Psychiatric Association* (APA) en uno de sus manuales llamado DSM-V-R, del cual se han recogido los nombres de los trastornos del comportamiento que a continuación se describen.

Trastorno por déficit de atención e hiperactividad

La definición dada en el Manual diagnóstico y estadístico de los trastornos mentales (2013) se trata de "trastorno de inicio en la infancia, caracterizado por la presencia de un patrón persistente de desatención o hiperactividad-impulsividad, el cual es más frecuente y grave que el observado en personas con similar nivel de desarrollo".

Los niños y niñas con hiperactividad suelen presentar problemas de atención, movimientos motores rápidos o excesivos que parece que no pueden controlar, impulsividad, falta de autocontrol, falta de persistencia en las tareas, etc.

Nota

El déficit de atención e hiperactividad afecta a un número mayor de niños que de niñas.

Por todo ello, este trastorno es un problema en el espacio de comedor y uso del cuarto de baño, ya que suelen presentar estereotipias (como aleteo), pueden hablar muy alto o demasiado. La mayoría de ellos no son capaces de permanecer sentados mucho tiempo, no siguen la fila de forma ordenada, les cuesta mucho asumir las rutinas y guías de pasos a llevar a cabo en el cuarto de baño -como los pasos para lavarse las manos o los dientes- y suelen moverse demasiado si están sentados.

Es importante que el monitor/educador enseñe al alumno a controlar su conducta a través del autocontrol, es decir, dándole instrucciones de cómo controlarse, hablarle de forma tranquila y pausada, recordarle cada día las normas de comedor. Por ejemplo, repetirle las rutinas y pasos diarios y no regañarle ni castigarle por su comportamiento sino premiarle por los comportamientos adecuados.

Trastorno disocial o de la conducta

Según el Manual diagnóstico y estadístico de los trastornos mentales (2013) el trastorno disocial o trastorno de la conducta es definido por "un patrón de conducta persistente en el que se transgreden los derechos básicos de los demás y de las principales normas sociales propias de la edad".

Se trata de conductas negativas hacia uno mismo y los demás.

Son niños que no cumplen las normas sociales establecidas, suelen alterar a conciencia el comportamiento de sus compañeros, pueden robar cosas y a veces culpan a los demás de sus propios actos.

El comportamiento de este alumnado en comedor escolar se puede presentar con varias características: suelen molestar a los compañeros, gritar, no son capaces de cumplir rutinas establecidas, de seguir órdenes de forma adecuada; pueden interrumpir al alumnado mientras come, desestructurar las normas sociales establecidas, alterar a los demás, salirse de la fila, no colocar sus cosas en el lugar que corresponde, pueden tirar la comida, rumiar, escupir los alimentos o robar cosas de los demás, entre otros.

Trastorno negativista desafiante

El manual diagnóstico y estadístico de los trastornos mentales dice lo siguiente: "el trastorno negativista desafiante (TND) es uno de los trastornos asociados más frecuentes en niños y adolescentes con TDAH. El diagnóstico suele realizarse en la edad escolar, durante la primaria, aunque al recabar la información de la historia resulta posible verificar la presencia de algunas manifestaciones en la edad preescolar. La característica esencial de este trastorno es un patrón frecuente y persistente del estado de ánimo enfadado/ irritable, comportamiento discutidor/desafiante, o deseo de venganza".

Son comportamientos que violan los derechos de los demás. Algunos de los comportamientos negativos que pueden presentar es desafiar la conducta de los otros, como no cumplir las órdenes. Es un trastorno parecido al anterior.

Trastorno de la eliminación

Se trata de enuresis o encopresis (hacer sus necesidades) de forma incontrolada, que no se corresponde con la edad y que no ocurre por problemas motores. Por ejemplo, un niño de 12 años que se hace sus necesidades encima.

Definición

Enuresis y encopresis
Falta de control de la micción y falta de control de las heces, respectivamente.

Ante este trastorno, el monitor/educador debe estar continuamente pendiente del niño para llevarlo al cuarto de baño o preguntarle constantemente si necesita acudir al mismo. En algunas ocasiones las familias optan por ponerles pañales, pero esto no es conveniente, ya que el niño debe ser educado en controlar dichas necesidades.

Este comportamiento del ACNEE supone un problema grave en la dinámica de comedor, horarios y rutinas, ya que el monitor/educador debe estar muy pendiente de este alumnado. Por otro lado, el expulsar excrementos en un comedor resulta incómodo para el resto de compañeros y suele conllevar a la discriminación social de estos niños.

Otros trastornos de la niñez, infancia o adolescencia

Algunos de los trastornos de comportamiento que se pueden dar en un comedor escolar pueden ser: rumiar la comida, hurtos y autoagresiones.

Estos comportamientos trastornados los realiza el alumnado para llamar la atención, hay que procurar eliminarlos de la manera más normalizadora posible.

Trastorno de ansiedad por separación

Este trastorno se puede dar en el alumnado que no quiere separarse de sus padres y le puede llegar a provocar ansiedad, llantos, tristeza, incluso pueden autolesionarse.

Es muy común que el alumnado no desee comer en un comedor escolar, sobre todo cuando comienzan en la edad infantil, ya que están acostumbrados a que sus padres les den comer, o a comer otro tipo de alimentos —como papillas, comidas pasadas— y hay que tener presente que cuando llegan al comedor por primera vez se enfrentan con demasiado ruido y demasiadas personas desconocidas.

Mutismo selectivo

La Asociación Americana de Psicología (2013) define mutismo selectivo como "un trastorno de la ansiedad, caracterizada de una acción voluntaria a la incapacidad de hablar en situaciones específicas".

Se presenta como una conducta de protesta del niño. No desean hablar en determinados contextos porque no se encuentran a gusto.

Como especialistas hay que procurar estimular el lenguaje del niño y nunca obligarle a hablar, porque puede provocarle aún más ansiedad. La mayoría de ellos tan solo asienten con la cabeza, no juegan con los demás y su rostro es serio o inexpresivo.

Ejemplo

Dejan de hablar porque no quieren separarse de sus padres en horario escolar, o en horario de comedor, o porque no quieren comer en el comedor, o porque no desean relacionarse con los demás.

Movimientos estereotipados

Se puede dar en niños con ceguera (como aletear los brazos) o con hiperactividad (como mover las manos continuamente) o en niños con autismo (que pueden mover los dedos muy rápido). Es importante hacer funcionales estas estereotipias que son incontroladas.

El alumnado que realiza movimientos estereotipados suele hacerlo para evadirse del mundo que les rodea, como vía de escape de sus nervios incontrolados o para llamar la atención de los demás.

Para tratar todas estas conductas negativas hay que tener en cuenta que cada niño es un mundo y hay que examinar las diferencias individuales de cada uno, es decir, conocer las causas que les han llevado a hacerlas.

Hay que procurar premiar lo que hacen bien, —más que castigar lo que hacen mal—, tratarles con cariño, alabarles, motivarles y explicarles de forma continuada las normas sociales, las normas de comedor, los pasos a llevar a cabo.

Importante

Es importante también, crear un clima adecuado, estructurado y el que el alumnado pueda interaccionar en el espacio de comedor de manera que se sienta cómodo.

Actividades

13. Cite otros problemas de conducta en el alumnado que no estén asociados a ningún trastorno.
14. ¿Cómo haría para comunicarse con un alumno que presenta mutismo selectivo?

4.2. Provocación de problemas conductuales en sus compañeros

El alumnado con trastornos de conducta puede provocar problemas conductuales al resto de sus compañeros. Este apartado se puede analizar con diferentes ejemplos:

- Un alumno con hiperactividad, que está continuamente nervioso, también puede provocar nerviosismo a los demás.
- Los comportamientos negativos pueden ser imitados por el resto, lo que provoca un ambiente de comedor completamente desestructurado.
- Un niño con trastorno disocial o de la conducta molesta a los demás, ya que tiene conductas negativas, como pegarles, insultarles o incumplir las normas.
- Un niño con autismo rodeado de otro con problemas de conducta puede ser algo muy negativo, ya que necesitan ambientes estructurados.

El papel del monitor/educador ante estas conductas es fundamental, ya que debe servir como mediador para crear un clima adecuado, tranquilo, libre de conflictos, donde se respeten las normas de comedor y las normas sociales; donde el alumnado aprenda a convivir con los demás desarrollando e inculcando valores como respeto, tolerancia, paz, armonía, compañerismo y amistad; donde se ayuden los unos a los otros y aprendan a ser como una pequeña familia que se cuidan entre ellos.

5. Prevención de riesgos laborales

La prevención de riesgos laborales en un comedor escolar hace referencia a la seguridad que debe existir en este espacio para que no ocurran accidentes ni lesiones.

Nota

Tener ciertas nociones básicas sobre primeros auxilios y riesgos laborales supone, en algunos casos, salvar la vida del accidentado.

A continuación se va a especificar una serie de actuaciones para prevenir los riesgos laborales:

1. **Espacio libre de obstáculos:** no puede haber ningún tipo de obstáculo que impida el paso del personal y alumnado que acude al comedor. Como por ejemplo, cajas, mesas y sillas puestas en mitad de un pasillo, comida en el suelo, cubos de basura mal colocados, etc.
2. **Cubos de basura bien colocados:** estos deben estar situados lejos de las mesas de los comensales para respetar las normas de higiene. Deben estar cerrados y con bolsas de basura ajustadas al espacio del cubo. Las cajas de cartón que vayan a tirarse deben plegarse para no ocupar espacio y deben colocarse en lugares que no impidan el paso ni estorben. El cubo de basura debe vaciarse en la basura del exterior del centro escolar, los responsables de ello son el personal de cocina, quienes no deben salir nunca con el uniforme puesto sino con la ropa de calle para evitar que se manche de algún resto.
3. **En caso de accidente por contusiones, cortes o heridas:**

   a. **En caso de que un alumno sea el accidentado:** las medidas a llevar a cabo pueden ser las siguientes:

      - Analizar la gravedad del accidente.
      - Calmar al alumno.
      - Avisar al coordinador de comedor.
      - Protegerle en caso de accidente grave: con una manta si tiene frío, tumbarle en el suelo si está mareado, etc. Procurar no curar las heridas hasta que sean analizadas. Si no son graves tan solo se puede echar agua para limpiarla y povidona yodada (el resto

de fármacos quedan terminantemente prohibidos por seguridad de que padezca algún brote de alergia u otros casos).

- Llamar a los padres para que acudan al centro lo antes posible. Si estos se encuentran trabajando o no están disponibles, la coordinadora debe llamar a la empresa para informar del caso y llevarlo al centro de salud más cercano si el accidente no es de absoluta gravedad; en caso contrario el traslado del accidentado lo realizarán siempre los servicios de emergencia.
- Todo este proceso se debe hacer sobre la marcha sin alarmar al alumno y al resto de comensales.
- Es muy importante mantener la calma en todo momento.
- No se debe dar de beber a un accidentado.

b. **En caso de que el personal de comedor tenga un accidente:** los pasos a seguir son los mismos, exceptuando la llamada a los padres, hay que avisar directamente a la empresa de comedor encargada en el centro escolar.

4. **En caso de brote de alergia, epilepsia o enfermedad:** cuando hay un niño con alergia a algún tipo de alimento o fármaco, que padezca epilepsia o alguna enfermedad en el comedor, la familia debe avisar por escrito y llevar el parte médico al centro escolar. La empresa de comedor debe estar al tanto de ello y el coordinador debe informar a todos los monitores y al personal de cocina para evitar accidentes. Si al alumno hay que administrarle algún fármaco por padecer alguna de estas enfermedades, la familia debe llevar el fármaco al centro e informar de cómo administrárselo al alumno en caso de accidente; será el coordinador de comedor quien se lo administre.
5. **En caso de incendio:** el centro escolar debe estar provisto de un plan de evacuación contra incendios, el cual estará recogido en un documento. Cada centro debe adaptarse al espacio de comedor, al número de comensales y al número de puertas de salida que existan. Uno de los planes de evacuación contra incendios que se pueden explicar es el siguiente: cuando suena la alarma contra incendios, el personal de comedor debe mantener la calma y transmitirle tranquilidad al alumnado; debe existir un punto de encuentro en el exterior del centro escolar al que acuda el alumnado y el personal; una vez que suena la alarma,

primero debe salir el ACNEE con el monitor/educador a su cargo y a este debe ayudarle otro monitor de comedor, después debe salir el alumnado de infantil por la puerta de entrada a comedor hasta llegar a la salida del centro y el alumnado de primaria por la puerta más cercana al exterior para evitar que el alumnado se pierda. Cada monitor debe hacerse cargo de su grupo y finalmente debe salir al exterior el personal de cocina y el coordinador de comedor. En el momento en que suena la alarma contra incendios es fundamental que todo el personal termine con la actividad que está ejecutando. Las simulaciones contra incendios deben realizarse, al menos, una vez al año.

6. **Evitar lesiones:** hay que llevar a cabo una adecuada higiene postural tanto por parte del personal de comedor como por parte del alumnado, a quien hay que educar para que se siente de forma correcta.

Hay que procurar que no ocurran accidentes en el espacio de comedor y en el caso de que se produzcan, todo el personal debe conocer las normas de seguridad y protocolos de actuación.

Sabía que...

Las empresas de comedor ofrecen gratis a sus trabajadores cursos formativos presenciales u online para que sepan actuar ante accidentes que se puedan producir en un comedor escolar (cursos de prevención de riesgos laborales, de primeros auxilios, etc.).

5.1. Higiene postural en el comedor para el ACNEE

Una adecuada higiene postural es aquella que evita dolores, fatiga, contusiones o lesiones.

La higiene postural se lleva a cabo para cuidar principalmente la columna vertebral, evitar sobrecargas del sistema nervioso y para realizar una adecuada digestión.

El monitor/educador debe ser el encargado de cuidar la higiene postural del ACNEE en el comedor escolar y educar a los mismos sobre las posturas correctas.

Una adecuada postura para comer debe atender a las siguientes características:

- Espalda recta en la silla y bien apoyada.
- Cuello recto.
- Mantener las nalgas y femorales pegados a la silla.
- Rodillas cercanas a la silla y flexionadas.
- Pies pegados al suelo.
- Codos y manos encima de la mesa.
- Procurar no doblar demasiado la espalda para comer o para arrimarse a la mesa.
- No permanecer sentado muy alejado de la mesa ni demasiado cerca. Dejar un espacio adecuado.
- El alumnado en silla de ruedas debe permanecer con la espalda apoyada en la silla.
- Respecto al alumnado con problemas motores o con movimientos incontrolados hay que procurar que permanezca sentado lo mejor posible.
- Mantener la espalda ligeramente flexionada para lavarse las manos o dientes.
- Agacharse en cuclillas para usar el WC y con la espalda recta.

Para educar en una correcta higiene postural al ACNEE a la hora de comer, el monitor/educador lo hará de forma oral: explicándole al alumnado cómo debe sentarse adecuadamente para comer y evitar que le duela la espalda, a través de vídeos educativos para niños/as o a través de sistemas visuales de apoyo como el que se presenta a continuación.

5.2. Higiene postural del profesional para dar de comer

Es muy importante que el monitor/educador lleve a cabo una correcta higiene postural de forma diaria para dar de comer al alumnado, ya que es muy común que se produzcan lesiones cervicales y contusiones en la espalda.

Recuerde

Una adecuada higiene postural es aquella que evita dolores, fatiga, contusiones o lesiones.

Antes de exponer las posturas correctas a llevar a cabo por parte del monitor/educador, es importante exponer sus funciones principales:

- La primera y más importante función del monitor/educador en un comedor escolar es dar de comer al alumnado, ayudarles y estar pendiente de ellos de forma constante atendiendo a lo que puedan requerir.
- No deben poner la mesa, esta es una función del personal de cocina, el cual se encarga de colocar platos, cubiertos, jarras de agua y vasos.
- El primer plato lo sirve el personal de cocina, aunque el monitor/educador puede ayudar a servir en su mesa correspondiente.
- El monitor/educador debe apilar los platos de sus mesas en una esquina para que el personal de cocina los retire.
- El monitor/educador puede ayudar al personal de cocina a retirar los elementos de la mesa, pero no debe olvidar que su función principal es atender al alumnado y no alejarse demasiado de ellos.

A la hora de dar de comer al alumnado es aconsejable tener en cuenta las siguientes recomendaciones:

- Mantener la espalda lo más recta posible.
- No flexionarla demasiado para servir los alimentos.
- No cargar mucho peso para servir.
- Mantener las fuentes de alimentos en la mesa y no cogerlas con las manos para no sobrecargar la espalda y así evitar posibles accidentes (como verter comida).
- Evitar permanecer mucho tiempo de pie, intercalar con periodos de descanso.
- Evitar trabajar muy rápido para que no se produzcan lesiones. Trabajar con calma y con cuidado.

Hay que tener en cuenta que cada empresa de comedor aporta una serie de recomendaciones que pueden diferir ligeramente unas de otras, pero las que han sido expuestas constituyen consejos generales que puede llevar a cabo todo el personal.

Por otro lado, hay que añadir que en la mayoría de comedores, el alumnado de educación infantil come en mesas bajas, por lo que la postura correcta del monitor para dar de comer debe ser con las piernas flexionadas, en cuclillas y con la espalada recta e intercalar con distintas posiciones, levantándose en ocasiones para no sobrecargar las piernas.

Postura correcta para agacharse y dar de comer al alumnado de infantil

Aplicación práctica

Felipe es un niño de 5 años de edad con hemiplejia y discapacidad intelectual profunda. No tiene conocimientos sobre cómo sentarse adecuadamente en un comedor, se mueve demasiado y se sienta a menudo con las piernas en la silla.

¿Qué debe hacer el monitor/educador para lograr una correcta higiene postural en el alumno?

Continúa en página siguiente >>

<< Viene de página anterior

SOLUCIÓN (Posible solución)

Para educar en una correcta higiene postural a Felipe a la hora de comer, el monitor/educador lo puede hacer de forma oral, explicándole al alumnado cómo debe sentarse. Además de ello, puede ir ayudándolo a lograr las posturas adecuadas, colocando al alumno en las posiciones correctas (colocarle las piernas flexionadas, la espalda recta, cuello erguido, manos y codos encima de la mesa, pies apoyados o cercanos al suelo). El médico rehabilitador puede intervenir en este caso al tratarse de un alumno con problemas motores para ayudar al monitor a que el alumno consiga una postura lo más correcta posible.

5.3. Lesiones derivadas de una incorrecta higiene postural

Debido a una higiene postural incorrecta se pueden producir varias lesiones en la estructura corporal.

A continuación, se expondrán las distintas lesiones y las causas por las que pueden producirse:

1. **Lumbalgia:** es cuando un nervio de la espalda se inflama. Los dolores se producen en la parte baja de la espalda. En el comedor escolar, esta afectación puede ser debida a permanecer demasiado tiempo de pie o agachado, doblar muchas veces la espalda, etc. Estos dolores son comunes en el personal de comedor, debido a que realizan numerosos movimientos y flexiones con la espalda para dar de comer al alumnado y para servir los alimentos. Una forma de calmar el dolor puede ser con fármacos, pomadas y calor (manta eléctrica).
2. **Hernias cervicales:** esta afectación se produce cuando se repiten muchas posturas incorrectas, por sobrecargas de peso, por lumbalgias mal tratadas. Las hernias cervicales más comunes son las hernias discales, cuando el disco de las vértebras está desgastado. En ocasiones, la única forma de curarlo es mediante operaciones quirúrgicas, sustituyendo el disco afectado por uno artificial.

3. **Tortícolis:** se produce cuando el cuello está doblado. Esta afectación es menos común en los comedores, pero puede darse al estar demasiado tiempo con el cuello agachado para dar de comer a los niños o hacer un sobre esfuerzo.
4. **Cifosis:** cuando la espalda queda deformada hacia adelante, la parte de encima de los omóplatos. Es lo que se conoce comúnmente como joroba. Esta afectación también se hace común entre el personal de comedor, sobre todo el personal de cocina al cargar con ollas de peso, numerosos platos y demás utensilios.
5. **Escoliosis:** se produce cuando la columna vertebral está doblada a la derecha o la izquierda. Puede deberse a las causas mencionadas con anterioridad o al uso de calzado inadecuado que deforme la columna.
6. **Esguinces:** se produce cuando los huesos pierden el contacto en un momento determinado con las articulaciones. Los esguinces más comunes son los de tobillo, de rodilla o cervical. Las causas más comunes de esguinces pueden ser: por resbalar en el comedor con algún alimento o agua, por llevar calzado inadecuado (con tacón) o por no apoyar adecuadamente los pies.
7. **Vértigos:** esto se produce por la inflamación de alguna parte del cuerpo de la zona cercana a la columna vertebral. Da lugar a fuertes mareos o bajadas de tensión debidas al dolor.

Algunas posturas incorrectas de la espalda y la postura correcta

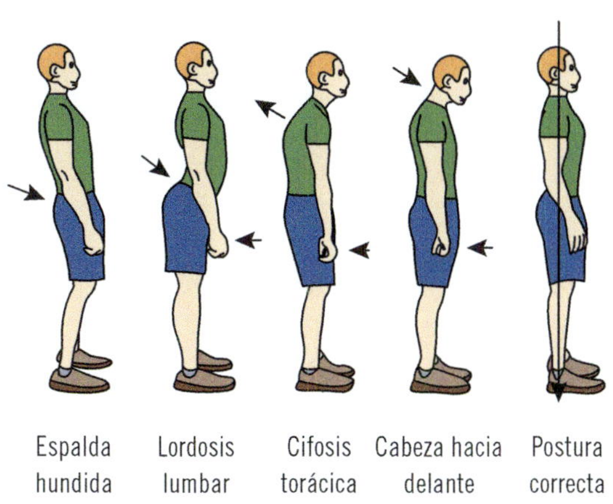

6. Resumen

La interacción del ACNEE en el espacio de comedor escolar entraña una serie de factores positivos que contribuyen a que el alumnado mejore sus distintas áreas del desarrollo. Además, se condiciona el ritmo normalizado de comedor, ya que este alumnado no tiene autonomía total para comer sin depender de otros, por lo que tiene la necesidad de apoyo físico.

Por otro lado, dependiendo de la discapacidad que presenten estos alumnos y del grado de la misma, requerirán una serie de ayudas técnicas que permitan su accesibilidad al comedor escolar, el cual debe estar situado de acuerdo a ciertos criterios para atender a todo el alumnado.

Además de estos factores, existen otros que dificultan el trabajo de los monitores/educadores e impiden, en cierto modo, que el comedor escolar sea un lugar estable como son los problemas conductuales del ACNEE y la provocación de perjuicios que pueden causar a sus compañeros.

En un comedor escolar es muy importante llevar a cabo una adecuada prevención de riesgos laborales a fin de que este espacio sea un lugar seguro y de que el personal que acude a este lugar tenga nociones básicas sobre una correcta higiene postural, tanto del alumnado como de los trabajadores, evitando así lesiones derivadas de posturas incorrectas.

Ejercicios de repaso y autoevaluación

1. De las siguientes frases, indique cuál es verdadera o falsa.

a. El espacio de comedor escolar debe ser un lugar donde se cumplan los principios de normalización, integración y flexibilización de la enseñanza.

- ☐ Verdadero
- ☐ Falso

b. Para que el alumnado con hipoacusia interaccione con el resto de forma adecuada se debe ofrecer mayor número de experiencias visuales.

- ☐ Verdadero
- ☐ Falso

c. La falta de visión del alumnado con discapacidad visual dificulta, en cierto modo, su interacción con el resto.

- ☐ Verdadero
- ☐ Falso

2. Relacione los siguientes bloques con su contenido correspondiente:

a. Enseñanza tutorizada.
b. Sistema braille.
c. Interacción.
d. Empatía.
e. SPC.
f. Tetraplejia.

__ Relación y comunicación.
__ Asignación de algún compañero/a que sirva de punto de referencia y apoyo.
__ Sistema Pictográfico de Comunicación.
__ Ponerse en el lugar de los otros.
__ Sistema de puntos que usan las personas con discapacidad visual para comunicarse de forma escrita.
__ Cuando las piernas o gran parte del cuerpo se ve afectado de forma motriz.

3. **De las siguientes opciones relativas a los factores que favorecen la interacción del alumnado en el espacio de comedor, ¿cuál es la más acertada?**

   a. El espacio de comedor es un lugar donde se aprenden normas sociales, comportamientos adecuados y donde se debe usar un lenguaje apropiado.
   b. El uso de comedor supone el desarrollo de la autonomía, la madurez y la adquisición de una autoestima negativa.
   c. El comedor favorece el desarrollo de la motricidad fina, la marcha e impide el control de esfínteres.
   d. El uso de comedor supone un desarrollo cognitivo debido al aprendizaje de rutinas, guías de pasos, normas de comedor y uso de cubiertos.

4. **Busque en la siguiente sopa de letras los valores que se desarrollan en el espacio de comedor.**

R	E	S	P	E	T	O	A	B	C
D	E	F	G	H	I	H	J	K	L
M	N	L	O	P	Q	R	S	T	U
C	O	M	P	A	Ñ	E	R	O	S
V	W	X	Y	Z	A	B	C	D	E
T	O	L	E	R	A	N	C	I	A
F	G	H	I	J	K	L	M	N	O

5. **¿Qué criterios puede tener en cuenta el monitor/educador cuando agrupe a los alumnos para que tengan una buena afinidad entre ellos?**

____
____
____
____

---

6. Complete la siguiente oración:

Las ayudas técnicas son todo dispositivo, ________ aparato (adaptado o no), productos de la __________ que se crean con la finalidad de __________ o __________ las limitaciones __________ de las personas __________.

7. De todas las ayudas técnicas citadas, ¿cuál cree que son las más comunes en un comedor escolar?

____

____

____

____

8. La eliminación de barreras arquitectónicas en el comedor escolar supone...

a. ... sustituir escalones por rampas de acceso, disponer de barras y pasamanos y mobiliario adecuado.
b. ... disponer de WC con altura regulable.
c. ... tener ascensor.
d. ... tener elevadores.

9. Indique cuál de las siguientes frases no es cierta:

a. Los recursos personales necesarios para llevar a cabo un programa de autonomía e higiene personal son: el maestro de pedagogía terapéutica, el monitor de educación especial, el tutor, el orientador, el médico rehabilitador, los diferentes equipos y el trabajador social.
b. El monitor/educador es el principal encargado de las labores de comedor escolar con el ACNEE.
c. El médico rehabilitador no debe ayudar en los desplazamientos del ACNEE al monitor/educador.
d. El maestro de pedagogía terapéutica como tutor del ACNEE tiene la responsabilidad de asegurar la coordinación entre todos los profesionales que atienden a este alumnado y la familia.

---

10. Especifique la posición física del comedor en el centro educativo. Dibuje un plano.

____
____
____
____

11. Explique, según las aportaciones de Carr, las causas de los problemas conductuales del alumnado.

____
____
____
____

12. ¿Por qué el alumnado con discapacidad puede tener problemas de conducta?

____
____
____
____

13. Nombre la clasificación de los problemas de conducta.

____
____
____
____

14. De las siguientes frases, indique cuál es verdadera o falsa.

a. Cuando un alumno es el accidentado, la primera medida es analizar la gravedad del accidente.

- ☐ Verdadero
- ☐ Falso

b. En caso de que el personal de comedor se haga un corte, la primera medida es echarle agua oxigenada.

- ☐ Verdadero
- ☐ Falso

c. Cuando hay un caso de alumno con alergia, la familia debe aportar el parte médico y los fármacos correspondientes al coordinador de comedor.

- ☐ Verdadero
- ☐ Falso

d. El coordinador de comedor no tiene la obligación de informar sobre brotes de alergia, epilepsia o enfermedades al resto de personal de comedor ni a la empresa responsable.

- ☐ Verdadero
- ☐ Falso

15. Enumere la correcta higiene postural del ACNEE en el comedor escolar.

____

____

____

____

Capítulo 3

Comportamientos inadecuados de un ACNEE en el espacio de comedor escolar

Contenido

1. Introducción

En el espacio de comedor escolar puede existir una serie de comportamientos inadecuados por parte del ACNEE derivados de dos tipos de factores, el primero de ellos está relacionado con enfermedades, alergias e intolerancias relacionadas con la alimentación que el alumnado puede tener o que se producen en el transcurso del tiempo comedor. Ante estos casos hay que prestar especial atención para evitar que se produzcan reacciones alérgicas, lo cual se realizará a través de dietas que eviten los problemas que puedan ocasionarles en su organismo.

El segundo tipo corresponde a comportamientos negativos, desafiantes o conductas disruptivas, los cuales pueden modificarse o eliminarse a través de programas socioafectivos que incluyan técnicas de resolución de conflictos.

Por otro lado, para que exista una mayor seguridad en un centro escolar es necesario que el personal obtenga ciertas nociones en técnicas de primeros auxilios y que el centro disponga de las instalaciones, recursos personales y materiales necesarios para cubrir las necesidades fisiológicas del ACNEE.

2. Enfermedades y alergias relacionadas con la alimentación

Las enfermedades y alergias pueden producirse por la ingestión de varios alimentos y existen diversos tipos que se exponen a continuación.

Sabía que...

Una enfermedad alimentaria se contrae por el consumo de alimentos que contengan microorganismos patógenos y causan enfermedades en el sujeto. Una alergia se produce cuando el organismo tiene diversas reacciones ante la ingestión de alimentos o de algún elemento que contenga.

2.1. Alergias: proteínas de la leche de vaca, huevo, pescados, anisakis, mariscos, legumbres, frutas y hortalizas, frutos secos, cereales y látex

Para especificar las alergias alimentarias en necesario exponer los síntomas que provocan, con qué alimentos se producen, qué tipos de alergias son las más comunes en los comedores escolares, cómo actuar ante las alergias y qué riesgos conllevan.

Síntomas

Las alergias alimentarias son reacciones alérgicas a algún alimento que se manifiestan físicamente en nuestro cuerpo con una serie de síntomas:

1. Síntomas producidos en el estómago:
   - Dolor de barriga
   - Náuseas
   - Vómitos
   - Diarreas
2. Síntomas en la piel:
   - Inflamación
   - Picores
   - Piel de color rojo
3. Síntomas en la respiración:
   - Ahogo o asfixia
   - Mocos
   - Estornudos
   - Inflamación de la garganta

Los síntomas expuestos pueden darse unidos o de forma aislada, dependiendo del tipo de alergia.

Tipos de alergias

Los tipos de alergias se clasifican según el alimento ingerido. Cuando un alumno padece algún tipo de alergia, en primer lugar el niño debe ser diagnosticado y ese informe debe llevarlo la familia al centro escolar y al coordinador del comedor.

Nota

Las empresas de comedor ofrecen cursos gratuitos sobre problemas alimentarios del alumnado.

En caso de que el alumnado no tenga informe médico o no haya sido diagnosticado, ante cualquier síntoma se le retirará el alimento y se informará al coordinador, quien a su vez informará al centro y a la familia de los hechos o síntomas que se hayan producido.

Alergia a la proteína de la leche de vaca

Este tipo de alergia se manifiesta en el niño con vómitos, diarrea, reacciones en la piel, tos, etc.

Para que no se produzca esta alergia hay que evitar que el niño ingiera cualquier alimento con proteína de leche de vaca como: chacina, chucherías, yogures, queso, natillas, helado de crema, chocolate con leche, mantequilla.

Los alimentos más consumidos en un comedor escolar con proteína de leche de vaca son los yogures y, en algunas ocasiones, helados o queso para complementarlo con pasta.

Alergia al huevo

Cuando el niño toma huevo o derivados del mismo, esto le puede provocar síntomas como: diarrea, vómitos, urticaria, dolor de estómago, asma, picores en la nariz o mucosidad.

Algunos de los alimentos con huevo o derivados son: mayonesa, huevo en polvo, postres con huevo (como flan), etc.

Los alimentos más ingeridos en un comedor escolar con huevo son la tortilla y pastas, los cuales deben ser sustituidos por otros alimentos.

Actividades

1. Explique qué haría en caso de que a un alumno comiese una tortilla y le diese un brote de alergia.
2. ¿Por qué cree que los alimentos mencionados son los más consumidos en un comedor escolar?

Alergia al pescado

La alergia al pescado es peligrosa, ya que puede causar asfixia. Algunos de los síntomas que provoca la alergia al pescado pueden ser que se hinchen los labios, picores en la boca, urticaria, vómitos, dolor de estómago, asma y dificultades para respirar adecuadamente, entre otros.

El pescado es un alimento muy consumido en los comedores escolares, entre dos y tres veces por semana; por lo que hay que tener mucho cuidado con el alumnado que padece alergia al mismo y no puede consumirlo.

Sabía que...

Los pescados más consumidos en un comedor escolar son el cazón, la merluza, el bacalao y el atún.

Anisakis

Es un parásito que infecta a los peces y mamíferos.

Un niño infectado por anisakis puede contraerlo al alimentarse normalmente de pescado crudo o ligeramente salado, que no haya sido sometido a una previa congelación de al menos -20 °C durante unas 24 horas.

Los síntomas por anisakis pueden ser: dolor de barriga, vómitos, diarrea, mareos y pérdida del conocimiento. Si el parásito queda instalado en el estómago de las personas, este morirá (no sobrevive como en el interior del pescado), pero puede ocasionar que deban recurrir a operaciones rápidas y simples o que tomen medicamentos para eliminarlo.

Sin embargo, en un comedor escolar no es común contraer anisakis, ya que el pescado viene envasado, congelado y se hace al horno.

Nota

En España se suele dar en algunos casos por la ingesta de boquerones en vinagre, pero si se congelan de forma adecuada se evita que las personas lo contraigan.

Alergia al marisco

El marisco no se sirve en los comedores escolares debido a que los síntomas de alergia pueden aparecer con el simple hecho de cocer el marisco, olerlo o manipularlo. Por otro lado, el marisco es aconsejable servirlo fresco y además es muy costoso.

En cualquier caso, si el alumnado se alimentase de marisco y padeciera alergia no diagnosticada, los síntomas son los siguientes: urticaria, hinchazón de la cara, labios, lengua, ronchas en la piel o ampollas, piel enrojecida, etc.

Alergia a las legumbres y a los frutos secos

Las legumbres son un alimento muy importante en la dieta mediterránea.

Los platos más típicos en un comedor escolar que incorporan legumbres son: puchero de garbanzos, cocido de habichuelas blancas y lentejas.

Los frutos secos no son un alimento que se sirva en un comedor escolar; al menos como producto único, pero sí puede servirse como complemento de alguna salsa (salsa de almendras, de cacahuete) o en helados.

Los mismos síntomas alérgicos pueden producirse de forma leve, como: estornudos, urticaria, lagrimeo, dolor de barriga. O más graves como: *shock* o fuerte urticaria.

? Sabía que...

El caso de la alergia al cacahuete es uno de los más graves porque puede producir síntomas como *shock* largo e intenso (falta de respiración que puede ocasionar la muerte).

Alergia a los cereales

Los cereales son un alimento muy consumido en nuestra dieta y se encuentran en una gran variedad de productos. Los alimentos que se debe evitar comer son harina de trigo, harina de pan, harina para pasteles, pan de trigo, cereales alimentarios, barritas de cereales. Además de productos elaborados con harina como rebozados (filetes de carne o pescados empanados) y pasteles.

Los síntomas de alergias más comunes al ingerir cereales o derivados son: urticaria, dolor de estómago, vómitos, diarrea, dificultades para respirar, estornudos, picores, lagrimeo y moqueo, entre otros.

El alimento más consumido en los comedores escolares con trigo o cereales son pan, pastas o baritas de merluza empanadas.

Alergia a las frutas

Las frutas se sirven a menudo en los comedores escolares, entre tres y cuatro veces por semana.

Los síntomas de alergia a la fruta se manifiestan con picores en la lengua o en la garganta.

Las frutas más consumidas en los comedores escolares son: manzana, pera, melón y en temporada, fresas y sandía. En ocasiones, la uvas.

Nota

La fruta es un alimento muy importante para nuestro organismo, ya que aporta una gran variedad de vitaminas (como vitamina C). Los expertos recomiendan un consumo diario de fruta: para el desayuno, media mañana o merienda; nunca de noche porque puede crear gases y si se consume al medio día es mejor hacerlo antes de cada comida.

Alergia a las hortalizas

Las hortalizas son: nabo, espárragos, apio, acelgas, palmito, zanahoria, remolacha, rábano, ajo, cebolla, puerro, patata, tomate, berenjena, pimiento, brécol, alcachofa, etc.

La alergia a las hortalizas varía según la que se ingiera, pero los síntomas más comunes son picores en la boca y la lengua.

Las hortalizas más consumidas en los comedores escolares son la patata en las tortillas o cocidos y sopas; la zanahoria y espárragos en las ensaladas; el nabo, apio y puerro en los pucheros; el tomate en las ensaladas y base del caldo de los cocidos; el ajo como aderezo de los caldos.

Los alimentos con alguna de estas hortalizas deben ser eliminados y sustituidos por otros. Los caldos de puchero o sopas pueden ser elaborados con otros aderezos como hueso añejo o de jamón.

Ejemplo

El alumnado con alergia al tomate no podrá tomar lentejas (porque la base del caldo lleva tomate natural), tomate natural, ni frito.

Actividades

3. Enumere las alergias que pueden producir varios tipos de hortalizas.

Alergia al látex

El látex se encuentra en una gran variedad de productos de nuestra vida cotidiana como: gomas de borrar, guantes, zapatos de goma, pegamento, globos.

Los guantes son el objeto más usado en un comedor escolar por parte del personal de cocina y los monitores. El simple roce de un niño con los guantes puede provocarle una reacción alérgica, por lo que hay que tener mucho cuidado si hay algún niño que padezca esta alergia.

En algunas ocasiones se utilizan globos para las fiestas, en juegos o como regalos para los niños; por lo que habrá que prestar atención si hay algún alumno alérgico al látex.

Los síntomas son picor, lagrimeo, enrojecimiento de los ojos y la piel, asma, falta de respiración, *shock,* picores en la nariz e hinchazón.

2.2. Intolerancias: lactosa y gluten (celiacos)

Se entiende por intolerancia a la incapacidad de consumir ciertos alimentos sin sufrir efectos adversos sobre la salud.

La intolerancia más común es a la lactosa y también se tratará en este apartado la intolerancia al gluten.

Intolerancia a la lactosa

Se produce cuando el intestino delgado no es capaz de digerir la lactosa (un tipo de azúcar de la leche). Esto es debido a que el intestino no produce suficiente cantidad de enzima lactasa, la cual ayuda al organismo a absorber los alimentos.

La lactosa se encuentra en una gran variedad de alimentos, a continuación se presentan algunos de estos alimentos:

- Leche de vaca
- Leche en polvo
- Batido de leche
- Derivados lácteos
- Nata
- Quesos frescos y fermentados
- Postres lácteos
- Margarina
- Mantequilla
- Helados
- Bechamel

Los alimentos que más se consumen en un comedor escolar son los derivados lácteos, como yogures.

Algunos de los síntomas de intolerancia a la lactosa son: hinchazón y/o dolor de estómago, gases, diarrea, náuseas, espasmos.

Intolerancia al gluten

El gluten es una glicoproteína que se encuentra en la semilla de muchos cereales, la cual está compuesta por gliadina y gluteina. Esta última hace que la masa de harina sea más manejable debido a la elasticidad que le otorga.

El gluten se encuentra en algunos alimentos como cereales, pan y pastas.

La intolerancia al gluten se conoce como enfermedad celiaca y a las personas con dicha intolerancia se les llama celiacos. Esta intolerancia se produce porque los alimentos con gluten no son bien absorbidos por el intestino delgado, como por ejemplo las vitaminas.

Para tratar la intolerancia al gluten, los alimentos que lo contengan deben ser eliminados de la dieta. Esto resulta muy complicado porque la mayoría de alimentos de nuestra dieta contienen gluten y los alimentos sin gluten son muy costosos.

Nota

Al dejar de comer alimentos con gluten, el intestino volverá a funcionar correctamente.

En los comedores escolares se sirven alimentos sin gluten para este alumnado.

2.3. Enfermedades: salmonelosis, botulismo, *shigelosis*, *staphylococcus*, hepatitis A, gastroenteritis

Las enfermedades originadas por el consumo de alimentos se refieren a cualquier enfermedad causada por la ingestión de algún alimento que provoca efectos nocivos en la salud del consumidor.

Los alimentos que provocan una enfermedad o intoxicación alimenticia pueden tener un aspecto normal en su color, forma, olor, etc.

Las enfermedades más comunes causadas por los patógenos de los alimentos son: salmonelosis, botulismo, *shigelosis, staphylococcus,* hepatitis A y gastroenteritis.

Salmonelosis

La salmonelosis es un tipo de intoxicación alimentaria causada por la bacteria *salmonella.* Esta bacteria vive en los intestinos de los animales y humanos y se expulsa a través de las heces.

Los alimentos más contaminados por salmonelosis son estos: agua, huevos crudos, huevos poco cocidos, vegetales regados, carnes, moluscos y pescados porque el agua donde habiten se encuentre contaminada.

Las causas de intoxicación en un comedor escolar por salmonelosis podrían ser las siguientes:

- Por cocinar los alimentos poco tiempo.
- Por cocinar una tortilla poco hecha. Para evitar este problema, los comedores escolares sirven tortillas de huevo en polvo.
- Por consumir salsas con huevo que no están bien realizadas.
- Por no lavarse las manos adecuadamente después de ir al baño o de cambiar un pañal.
- Por tocar animales.
- Por transmisión de personas portadoras de salmonelosis o que han contraído la enfermedad y aún no se han curado.

Los síntomas más habituales causados por salmonelosis son estos:

- Náuseas
- Dolor de barriga
- Diarrea
- Fiebre
- Vómitos

Sabía que...

La salmonelosis se da con frecuencia en nuestro país. Han existido algunos casos de muerte por esta enfermedad.

Botulismo

El botulismo se produce por una toxina en los alimentos enlatados, mal preparados o que están mal cocinados. Esta toxina se encuentra en zonas contaminadas como el suelo o agua.

Los alimentos que pueden contraer la toxina del botulismo son carnes o pescados mal conservados o algunas verduras.

Algunos de los síntomas por botulismo son los siguientes:

- Diarrea
- Estreñimiento
- Vértigo
- Mareos
- Dolor de cabeza
- Paralización de los músculos
- Paralización de los músculos respiratorios (pulmones)
- Muerte (entre el primer y el octavo día de padecer botulismo)

Para evitar el botulismo en los comedores escolares, los responsables de cocina deben observar que las latas lleguen en perfectas condiciones —cerradas, sin golpes o bollos, que no estén oxidadas y que al abrirlas no huelan mal—, también deberán lavarse las manos continuamente al ir al servicio o al manipular varios alimentos de diferentes variedades, así como cocinar adecuadamente los alimentos y con agua limpia.

Es recomendable evitar la fabricación de conservas caseras; por ello las conservas servidas en los comedores escolares siguen un exhaustivo control de calidad y los responsables de cocina están obligados a revisar cada lata de alimentos.

Actividades

4. Busque imágenes de personas que han padecido botulismo y explique los cambios físicos de la persona.

Shigelosis

Es una enfermedad infecciosa, se produce por un grupo de bacterias llamadas *shigella.*

Es una especie de gastroenteritis. Se produce por la contaminación de heces en el agua o alimentos.

Los síntomas son los siguientes: fiebre, dolor de barriga, vómitos, nauseas, diarrea.

En algunos casos, sobre todo en niños o ancianos, la diarrea suele ser tan grave que deben ser hospitalizados lo más temprano posible.

Para tratar esta enfermedad se aconseja hidratar al enfermo durante varios días, dieta blanda y reposo. Por otro lado, también se pueden recetar antibióticos, sobre todo a niños y ancianos o personas que puedan contagiar a otros. Por ello, el alumnado que se contagie de esta enfermedad deberá permanecer en casa hasta que sea curado o tratado para evitar contagiar al resto.

Los síntomas suelen durar entre 4 y 8 días y si es grave hasta 6 semanas.

Nota

En algunos casos, sobre todo en niños, la diarrea puede ser tan fuerte que provoque la muerte.

Staphylococcus

Es una bacteria que se encuentra en la piel y mucosidad de los humanos, algunos mamíferos y aves.

Las causas de intoxicación por *staphylococcus* pueden ser varias:

1. Cuando los mamíferos de los que la persona se alimenta padecen dicha enfermedad.
2. Cuando los alimentos no son conservados a temperaturas correctas se produce la toxina.
3. Cuando la persona que tiene esta enfermedad manipula los alimentos y, dado que la bacteria se encuentra en la nariz y en la garganta, tosa o estornude encima de la comida transmitirá la infección.

Algunos de los alimentos que pueden contener esta bacteria porque no se cocinen de forma adecuada son:

- Chacina (como jamón)
- Postres y cremas de lácteos (como natillas)
- Pasteles de crema
- Marisco cocido (como gambas)

Algunos de los síntomas más comunes son estos:

- Vómitos
- Diarreas
- Dolores de barriga

Hepatitis A

La hepatitis A se produce por el virus de la hepatitis A que se transmite por aguas contaminadas o alimentos contaminados por heces.

Las causas para padecer hepatitis A pueden ser las siguientes:

- Cuando el personal de cocina padezca esta enfermedad, acuda al baño y no se lave las manos después de hacer sus necesidades.
- Cuando se consume agua contaminada por hepatitis A.
- Cuando los alimentos están contaminados por excrementos u orina.

Los síntomas vienen derivados de la inflamación del hígado (por lo que pueden dejar de funcionar correctamente). Estos síntomas son:

- Cansancio
- Náuseas
- Fiebre
- Pérdida del apetito
- Dolor de estómago
- Diarrea
- Prurito (picor generalizado)

En algunos casos, algunas personas pueden presentar orina más oscura de lo normal, piel amarilla o heces de color claro.

Nota

Los comedores escolares y las empresas que distribuyen los alimentos llevan un control exhaustivo de la conservación, mantenimiento y limpieza de los alimentos, por lo que esta enfermedad es difícil que se dé entre los comensales o el personal.

Gastroenteritis

La gastroenteritis es la inflamación del estómago y del intestino delgado.

Las causas de la gastroenteritis son:

- Por cocinar alimentos de manera inadecuada o en aguas contaminadas.
- Por beber de aguas contaminadas.
- Por el contacto con otras personas infectadas.

Los casos de esta enfermedad son muy comunes en los comedores escolares. Cuando un/a alumno/a la padece, muchos de los compañeros de su alrededor se contagian.

Los síntomas de la gastroenteritis son:

- Vómitos
- Diarreas
- Inapetencia alimentaria
- Mareos
- Náuseas
- Dolor de estómago

Esta enfermedad suele tener una duración de unos tres días aproximadamente y es aconsejable llevar a cabo una dieta con alimentos como puré de manzana, bebidas isotónicas y arroz blanco para cortar los vómitos y la diarrea hasta que pase la gastroenteritis.

Definición

Gastroenteritis
"Gastro" significa estómago, "entero" es intestino e "itis" es inflamación.

3. Dietas: tipos y características

Las dietas se realizan en relación a la alergia, intolerancia o enfermedad del alumnado.

Las empresas de comedor escolar realizan menús complementarios al ordinario que no lleven incluidos los alimentos o sustancias que produzcan algún tipo de problema en el alumnado.

El coordinador de comedor escolar, así como el personal de cocina y monitores deben estar continuamente informados de la existencia de alumnado con algún tipo de reacción hacia los alimentos y deben saber cómo actuar en caso de que exista algún problema; aunque en ese caso, quien debe actuar es el coordinador (por ejemplo: imagine que hay un niño alérgico a la manzana y por error, uno de los monitores se la da sin darse cuenta, el niño se la come y comienza el brote de alergia; en este caso, el coordinador deberá darle la medicación correspondiente que previamente la familia ha llevado al centro para medicar al alumno en caso de brote alérgico).

Para evitar errores como dar a un niño un alimento que no puede tomar, se llevarán a cabo varias acciones:

1. Que el personal y el coordinador se mantenga informado por parte de la empresa de la existencia de alumnado con alergias, intolerancias o enfermedades de cualquier tipo.
2. Colocar en un tablón, sin que suponga discriminación del alumnado, las fotografías y partes médicos del alumnado con algún problema.
3. Retirarle los platos vacíos que haya puesto en la mesa al alumnado con el problema, para así asegurar que no le sirvan los alimentos erróneos.
4. Que el monitor pida al personal de cocina el plato correspondiente de este tipo de alumnado.
5. Que el coordinador anote cada día en el menú ordinario el nombre del alumno que no puede comer el alimento de ese momento (por ejemplo: si en el menú toca tortilla y hay algún alérgico al huevo, especificar junto a la tortilla "cuidado con el/la alumno/a X). Además, es aconsejable que lo recuerde de forma oral cada día a todo el personal.
6. Escribir en el listado de control del alumnado de cada monitor el alumnado que padece algún problema alimentario (ejemplo: alumno/a X tiene alergia al pescado).
7. Conocer las características, causas y consecuencias de los problemas alimentarios de cada alumno.
8. Que las empresas de comedor ofrezcan cursos de formación al personal de comedor escolar sobre los problemas alimentarios.
9. Que el alumno con problemas alimentarios conozca y sea consciente de su alergia. Y que el resto de alumnado que comparte mesa con él

también lo sepa para evitar que ocurran problemas como: cambiarse los platos, que el alumno pruebe la comida del otro, que coma los alimentos que no debe, etc.

Aunque las dietas se realicen de forma general, hay que prestar atención a cada tipo de alumnado que la padece para atenderlo de forma adecuada y no cometer errores.

A continuación, se van a presentar los tipos de dietas y las características que se pueden encontrar en un comedor escolar.

Actividades

5. Enumere otras acciones a llevar a cabo para evitar que un alumno coma un alimento que le produzca alergia.
6. Explique los tipos de alergias alimentarias que conozca.

3.1. Dietas exentas de alimentos que produzcan alergias o intolerancias

Las dietas exentas de alimentos que produzcan intolerancias están basadas en suprimir el alimento que produzca la alergia o intolerancia.

A continuación, se van a describir algunas de las dietas más importantes en los comedores escolares, en relación a que existe mayor porcentaje de alumnado con ese tipo de alergia o intolerancia.

Dieta exenta de proteína de leche de vaca

Consiste en suprimir los alimentos derivados de la leche o con proteína de leche de vaca. Los alimentos a eliminar pueden son:

- Leche
- Queso
- Yogur
- Mantequilla
- Embutidos
- Crema
- Flan
- Helados a final de curso
- Ternera
- Productos de repostería (como pasteles)

La forma de llevarlo a cabo es sustituir estos alimentos por otros que el alumno pueda comer.

Véanse los ejemplos:

1. Si toca yogur, se sustituirá por fruta.
2. Si toca ternera, se sustituirá por pollo o cerdo.
3. Si toca helado, se sustituirá por helado sin leche o por otro postre.

Dieta exenta en huevo

La dieta exenta en huevo consiste en suprimir los alimentos con huevo o derivados.

Esta dieta es una en las que más alimentos hay que sustituir, ya que el huevo y la pasta son consumidos, al menos, una vez a la semana.

A continuación, se presentan los alimentos que sustituyen a los que llevan huevo o derivados:

1. Si tocan espaguetis o macarrones pueden contener trazas de huevo, por lo que, por precaución se sustituirán por pastas ecológicas (que no contengan huevo en su elaboración).
2. Si toca tortilla, se sustituirá por: pescado, filetes de cerdo adobados, pechuga de pollo, muslitos de pollo, etc.

3. En el caso de que en algún momento se sirviese flan de huevo, se podría sustituir por frutas o yogures.
4. En el caso de que en algún momento se sirviesen filetes empanados o pescado empanado, se sustituirán por cualquiera de los alimentos sin huevo anteriormente mencionados.

Los alimentos que se incluyen en esta dieta pueden ser:

- Pan
- Galletas
- Cereales
- Carne de vaca, ternera o cerdo, pescados
- Vegetales
- Leche, queso o yogur
- Sopas o caldos sin huevo
- Postres caseros sin huevo
- Mantequilla, mayonesa sin huevo

Los alimentos no permitidos son:

- Pastas con huevo
- Harina
- Pan comercial
- Dulces bañados al huevo, galletas
- Empanados
- Huevo en polvo o en cualquiera de sus formas
- Natillas
- Bombones
- Merengue
- Salsas con huevo
- Cremas con huevo
- Levadura en polvo

Los alimentos más comunes en un comedor escolar con huevo o derivados son: tortillas y pastas.

Importante

Ante alumnado con alergia al huevo o derivados hay que prestar diariamente especial atención a su dieta o menú.

Dieta exenta de pescado

Esta dieta consiste en eliminar el pescado del menú y sustituirlo por otros alimentos.

Los pescados más utilizados en un comedor escolar suelen ser: merluza, tilapia, cazón, caella, panga o atún. Estos pescados se sustituirán por: carnes o tortillas. En ocasiones, las pastas van acompañadas de atún y tomate frito, por lo que al alumnado alérgico al pescado se le servirán pastas sin atún.

El pescado es un alimento importante en nuestra dieta debido a las proteínas que contiene. Por ello, la dieta exenta de pescado debe contener alimentos que aporten proteínas al alumnado. Las proteínas pueden ser de dos tipos:

- De origen animal: como carnes, huevo o productos lácteos. Y pescados que son eliminados de esta dieta.
- De origen vegetal como: frutos secos, legumbres o cereales.

Hay que tener en cuenta que este alumnado no solo debe ser bien alimentado en el comedor, sino también en el hogar. Para tomar proteínas en casa pueden realizar un desayuno importante basado en frutas, pan, cereales, embutidos... O cenas ricas en vitaminas como verduras o purés.

Dieta exenta de legumbres, frutas y hortalizas

Estas dietas consisten en sustituir las legumbres, frutas y hortalizas por otros alimentos.

A continuación, se presentan algunos ejemplos de las acciones a llevar a cabo con el alumnado que padece alergias a estos alimentos:

1. Si el alumnado es alérgico a un tipo de legumbre, como lentejas, garbanzos o habichuelas, se sustituirán por otros alimentos a los que no sea alérgico. Sin embargo, si es alérgico a todas las legumbres, habrá que eliminar este alimento de su dieta y cambiarlo por caldos y sopas, carnes, verduras o pescados.
2. Si el alumnado es alérgico a alguna fruta, se sustituirá por cualquiera de las que se sirven en los comedores escolares. Por ejemplo, el alumnado alérgico a la manzana comerá otra fruta, como pera, plátano... Sin embargo, si es alérgico a todas las frutas, deberá tomar otro postre, como yogures.
3. Si el alumnado es alérgico a las hortalizas como las patatas, estas serán eliminadas de su dieta. Por ejemplo, los caldos sin patata, los purés de verduras sin patata y si se sirven patatas cocidas deberá comer otros alimentos como verduras, arroz, etc.
4. Si el alumnado es alérgico a las hortalizas como el tomate, este alimento también será eliminado de su dieta. Por ejemplo, las pastas deberá comerlas con otro tipo de salsa que no sea tomate frito, como nata o aceite de oliva. Si la ensalada lleva tomate, se elimina de la misma.

Además de los descritos, se puede llevar a cabo otro tipo de acciones que se estimen oportunas.

Actividades

7. Explique situaciones en las que se sirvan alimentos al alumnado y sean sustituidos por otros.
8. Enumere los síntomas de alergia del tomate en el alumnado.

Dieta exenta de otros alimentos

Otros alimentos a los que el alumnado puede tener alergia son los frutos secos, mariscos o cereales. Estos alimentos no suelen estar presentes en las dietas alimentarias de los comedores escolares; pero hay que remarcar que si estuvieran presentes en algún momento, deben ser eliminados y sustituidos por otros como por ejemplo:

- El pan de cereales por pan blanco.
- Posibles salsas de frutos secos que puedan servirse en los comedores —como salsa de almendras o de cacahuetes— por otras salsas, como salsa verde, de tomate, nata o a la pimienta.
- Los mariscos pueden sustituirse por pescados o carnes.

La sustitución de estos alimentos ricos en vitaminas se realizará siempre por otros que también sean ricos en vitaminas.

Dieta exenta de alimentos con lactosa

Los alimentos más consumidos en un comedor escolar son los yogures, helados y quesos para complementar las pastas.

Por un lado, los yogures pueden ser sustituidos por frutas y el queso será eliminado de las pastas.

Dieta sin gluten

Los alimentos con gluten son ricos en hidratos de carbono como trigo, cebada, centeno o avena.

Las dietas sin gluten deben llevarse a cabo durante toda la vida y la intolerancia al mismo debe ser diagnosticada.

Las personas celiacas pueden tomar todo tipo de alimentos sin gluten como: carnes, pescados, huevos, leche, cereales sin gluten (arroz y maíz), legumbres, tubérculos, frutas, verduras, hortalizas, azúcar, etc.

Es imprescindible que el personal de cocina preste atención a las etiquetas de los alimentos para evitar que el alumnado lo ingiera.

3.2. Dietas blandas

Las dietas blandas hacen referencia a una dieta que sea fácil de digerir.

Estas dietas se llevan a cabo cuando el alumnado está enfermo del estómago por alguna razón: gastroenteritis, dolor de estómago, náuseas, vómitos y diarreas.

En caso de que el alumnado requiera dieta blanda, la familia debe avisar con antelación por la mañana o el día antes a la empresa, coordinador o personal de cocina para que esta sea cocinada con antelación. En cualquier caso, siempre se aconseja que el alumnado que está enfermo no acuda al centro escolar, sobre todo por gastroenteritis, porque se puede contagiar el resto de alumnado.

El menú del día debe ser sustituido por completo por otros alimentos fáciles de digerir como: sopa de arroz, arroz blanco, en blanco, manzana... Alimentos todos ellos que no causen en el alumno enfermo demasiadas molestias estomacales.

Sabía que...

Para identificar a personas con alergias, intolerancias o enfermedades alimentarias que le produzcan síntomas graves existen brazaletes o collares que indican que la persona padece estos problemas.

3.3. Dieta sin algún alimento por razones culturales

Las dietas sin ningún alimento por razones culturales están basadas en las dietas para las personas con creencias religiosas como: los musulmanes que no comen carne de cerdo o aquellos que no comen carne.

Dieta exenta de carnes

La dieta exenta de carnes implica sustituir cualquier tipo de carne por pescados, tortillas, verduras, etc.

El estofado de ternera es sustituido por cualquier otro caldo.

Los potajes pueden llevar chorizo o morcilla; por lo que deben ser eliminados.

Dieta exenta de carne de cerdo

La dieta exenta de carne de cerdo está dirigida al alumnado, que por razones culturales, normalmente, no tiene incluido el cerdo en su dieta; como los musulmanes.

Hay que tener en cuenta que nunca debe discriminarse al alumnado musulmán porque no coma cerdo, ni recriminarle este hecho, ni obligarle a que coma este alimento. Al igual que no se debe permitir que el resto de alumnado lo haga.

El cerdo puede ser sustituido por otros alimentos como: pescados, otras carnes (pollo, ternera, tortilla). Normalmente, si tocan filetes de cerdo adobados en el menú, son sustitutos por otras carnes. Los caldos, sopas o cocidos con morcilla o chorizo, se sirven sin este alimento y se elaboran en una olla aparte, no se incluyen siquiera en la preparación de los mismos.

Nota

Los musulmanes no comen carne de cerdo debido a sus creencias.

4. Técnicas de primeros auxilios básicos y prevención de incidentes en el comedor escolar

En este apartado se van a analizar varios aspectos como qué son las técnicas de primeros auxilios, qué actuaciones se deben llevar a cabo en caso de accidente de un alumno o personal de comedor, qué tipo de incidentes son los más comunes en un comedor y cuáles deben ser la ubicación y contenido adecuados del botiquín de primeros auxilios.

Los primeros auxilios son las acciones y ayudas que se llevan a cabo con un accidentado con el fin de evitar que sufra lo menos posible o empeore hasta que llega la asistencia médica o es trasladado de manera urgente al centro hospitalario más cercano.

4.1. Técnicas de primeros auxilios

Ya se han descrito los consejos y acciones que se pueden llevar a cabo a la hora de afrontar situaciones de peligro de incendio y heridas en el comedor escolar, a continuación se ofrecen ciertas pautas ante accidentes.

Consejos de actuación ante un accidente

Las técnicas que se describen a continuación son básicas en caso de que el accidente no sea de absoluta gravedad.

En caso de que el alumnado sea el accidentado

Las medidas a llevar a cabo pueden ser las siguientes:

1. Analizar la gravedad del accidente. Llamar a los servicios de emergencia.
2. Calmar al alumno/a.
3. Avisar al coordinador de comedor.
4. Protegerle en caso de accidente grave: con una manta si tiene frío, tumbarle en el suelo si está mareado, etc. Procurar no curar las heridas hasta que sean analizadas. Si no son graves tan solo se puede echar agua para limpiarla y povidona yodada (el resto de fármacos quedan terminantemente prohibidos por seguridad, por si padeciera algún brote de alergia u otros).
5. Llamar a los padres para que acudan al centro lo antes posible. Si estos se encuentran trabajando o no están disponibles, la coordinadora debe llamar a la empresa para informar del caso y llevarlo al centro de salud más cercano si el accidente no es de absoluta gravedad; en caso contrario, el traslado del accidentado lo realizarán siempre los servicios de emergencia.
6. Todo este proceso se debe hacer sobre la marcha sin alarmar al alumno/a ni resto de comensales.
7. Es muy importante mantener la calma en todo momento.
8. No se debe dar de beber a un accidentado.

Estos son algunos de los consejos que pueden llevarse a cabo cuando un alumno sufre un accidente.

Actividades

9. Explique qué acciones llevaría a cabo si un alumno se hiciese una herida leve.
10. Enumere qué pasos llevaría a cabo si un alumno se doblara un tobillo.

En caso de que el personal de comedor tenga un accidente

Los pasos a seguir son:

1. Llamar a los servicios de emergencia.
2. Curar al accidentado en la medida de las posibilidades.
3. Calmar al accidentado y mantener la calma.

El teléfono de emergencia es el 112.

Tipos de técnicas de primeros auxilios

A continuación se van a describir algunas técnicas de primeros auxilios que se pueden llevar a cabo en caso de accidente en un comedor escolar.

Recuerde

Algunas empresas de comedor ofrecen cursos gratuitos y presenciales de primeros auxilios a sus empleados.

En caso de reconocimiento de los signos vitales

En algunos casos puede ocurrir que no se sepa cómo ha ocurrido el accidente o si la persona o alumno está vivo o consciente. Por ello, los pasos a seguir para comprobar los signos vitales del accidentado son los siguientes:

1. **Comprobar si la persona está consciente:** para comprobar si una persona está consciente se puede revisar si responde de forma oral o motriz a los estímulos, para ello se pueden realizar las siguientes acciones:

- Decir su nombre o hablarle.
- Darle pequeños golpes en los hombros o en la cara.
- Pellizcar para ver si reacciona al dolor.

2. **Comprobar la respiración:** para comprobar la respiración del accidentado, se puede realizar lo siguiente:

   - Acercar la mejilla o las manos a la nariz del accidentado para notar si expulsa aire.
   - Escuchar el aire del accidentado.

3. **Comprobar el pulso:** el pulso son las pulsaciones del corazón por minuto. El pulso del accidentado se puede comprobar de dos formas:

   - Tomar pulso del cuello: consiste en tomar el pulso de la arteria carótida con el dedo índice y corazón. Nunca poner el dedo pulgar, porque notaríamos nuestro pulso en lugar del de la víctima.
   - Tomar el pulso de la muñeca: consiste en tomar el pulso de la arteria radial con el dedo índice y corazón.

En caso de obstrucción de las vías aéreas por la presencia de un elemento

La obstrucción de las vías aéreas por la presencia de un elemento en un comedor escolar puede ser debida a varias causas:

1. Por ingerir algún alimento y que este quede obstruido en la garganta. El alumnado de tres años de infantil, suele llegar al comedor sin saber masticar la comida de forma adecuada porque está acostumbrado en casa a alimentos más blandos, comidas pasadas, puré... por lo que puede ocurrir que no mastiquen bien el alimento y puedan atragantarse.
2. Por tragarse algún cuerpo extraño. Es común que el alumnado de infantil se meta cosas en la boca (pequeños juguetes, piedrecitas, chapas, etc.), por lo que hay que tener especial atención con este alumnado.

De cualquier forma, se pueden llevar a cabo algunas medidas en caso de obstrucción de las vías aéreas:

1. Revisar la boca del accidentado para comprobar si tiene algún cuerpo extraño. No se deben introducir los dedos en la boca del accidentado para evitar que el elemento se introduzca aún más.
2. Hay que procurar que tosa y, si no lo hace, dar 5 golpes secos en la espalda.
3. Si los golpes no funcionan, hay que hacer que el accidentado expulse el elemento obstruido. Esto se puede llevar a cabo mediante la maniobra de Heimlich.

La maniobra de Heimlich consiste en hacer presión sobre el abdomen de la persona accidentada. Es un procedimiento de primeros auxilios para desobstruir el conducto respiratorio, normalmente bloqueado por un trozo de alimento o cualquier otro objeto. Es una técnica efectiva para salvar vidas en caso de asfixia por atragantamiento.

Actividades

11. Busque información sobre la maniobra de Heimlich y explique de forma resumida los pasos llevados a cabo en caso de que un alumno se atragante con algún alimento.

En caso de parada cardíaca o cardiorrespiratoria

La parada cardíaca o cardiorrespiratoria se produce cuando el corazón y los pulmones dejan de tener una actividad normal (latidos y respiración más lenta) o se produce una parada temporal (un tiempo de parada de los latidos del corazón o falta de respiración).

Las actuaciones a llevar a cabo en este caso pueden ser varias:

1. **Boca a boca:** consiste en intentar que fluya aire en los pulmones del accidentado. Los pasos a seguir son estos:

    - Revisar la boca del accidentado para comprobar si tiene algún elemento.
    - Intentar que le entre el mayor aire posible por alguna vía. Estirarle (hacerle una hiperextensión, traccionando frente y el mentón, abriendo las vía aéreas) la cabeza hacia atrás, sujetándole la cabeza y el cuello para que no se atragante con la lengua.
    - Acercar el oído a la persona para comprobar si respira por la nariz o por la boca.
    - Introducir aire en la boca del accidentado a través del boca-boca (insuflar) hasta comprobar que se le infla el tórax.
    - Si la víctima no respira o no reacciona, se deberá realizar la insuflación cada cinco segundos durante un minuto.
    - Si la víctima respira, hay que controlar que respire de forma adecuada.
    - Si tiene pulso y no respira, hay que repetir la maniobra.

    En niños es diferente, ya que su cuerpo es más pequeño. Las indicaciones que varían a las del adulto son las siguientes:

    - El pulso debe comprobarse en la arteria humeral (debajo del bíceps).
    - En este caso se realizarán 20 insuflaciones por minuto.

Respiración artificial, método boca a boca

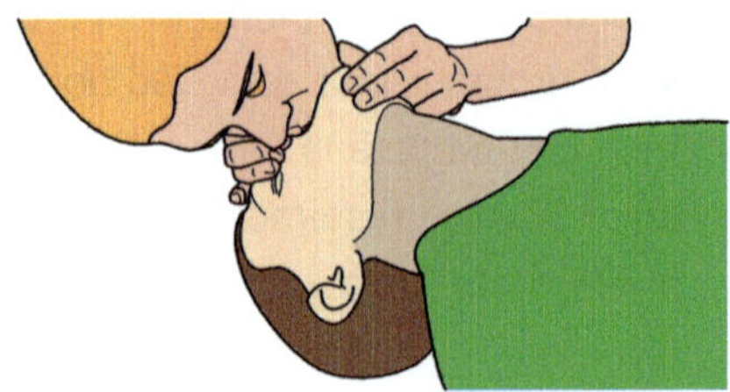

2. **Masaje cardíaco:** esta técnica se lleva a cabo cuando el accidentado no tiene pulso durante más de diez segundos. Los pasos a seguir para realizar el masaje cardíaco son los siguientes:

   - Colocar a la víctima en una superficie dura y rígida.
   - Ponerse al lado de él y de rodillas.
   - Localizar una parte del esternón, la parte baja, donde se forma una especie de triángulo (apéndice xifoides). Hacer comprensión 15 – 2 es lo más aconsejable en niños y bebés.

Masaje cardíaco externo

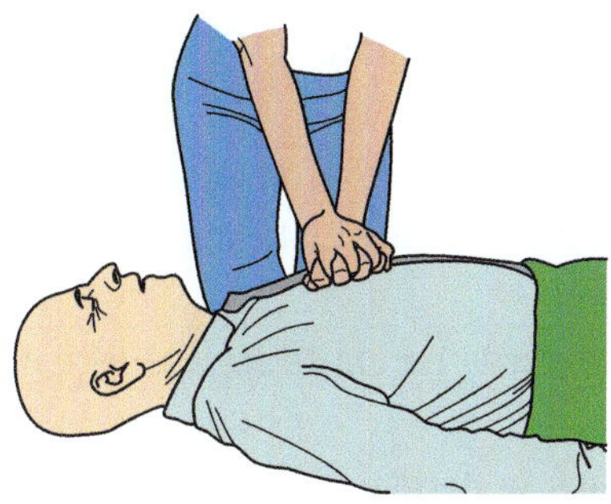

Aplicación práctica

Pedro es un niño con hiperactividad, muy nervioso, que tiene pánico a las aglomeraciones. En ocasiones sufre de ataques de ansiedad y hay que calmarlo. Un día se siente tan agobiado que se queda sin respiración y cae inconsciente.

Explique las acciones que llevaría a cabo de primeros auxilios.

SOLUCIÓN (Posible solución)

Para atender a Pedro las acciones pueden ser las siguientes:

- Llamar a los servicios de emergencia (112).
- Comprobar si tiene pulso en la arteria humeral (debajo del bíceps).

Continúa en página siguiente >>

<< Viene de página anterior

- Estirarle (hiperextensión) la cabeza hacia atrás, sujetándole la cabeza y el cuello para que no se atragante con la lengua.
- Insuflar hasta que se le infle el tórax. Unas 20 insuflaciones por minuto, de forma suave y con pequeñas bocanadas de aire hasta que respire.

Al realizar estas acciones es importante mantener la calma en todo momento y transmitírselo al niño. Además, se le puede dar cariño para que se sienta mejor una vez que ya está consciente.

En caso de hemorragia grave

Una hemorragia grave se produce cuando el accidentado se hace una herida y sale mucha sangre al exterior.

Para controlar la herida se seguirá este protocolo con cuatro pasos:

1. **Presionar la herida:** la herida se puede presionar con gasas, toallas, pañuelos durante diez minutos como mínimo.
2. **Elevar el miembro herido:** se lleva a cabo para controlar la hemorragia y evitar que salga demasiada sangre.
3. **Presionar la arteria:** consiste en comprimir la arteria de la herida.
4. **Si el apósito** que se pone se empapa nunca hay que retirarlo, hay que ir poniéndole otros encima y presionar.

En caso de hemorragia leve

Es común que en los comedores escolares le ocurran hemorragias leves al alumnado o personal en la nariz. Las causas de estas hemorragias vienen derivadas de:

- Por la rotura de pequeños vasos sanguíneos (debido a rascarse, hurgarse, estornudos...).
- Por estar un tiempo al sol y que los vasos sanguíneos se rompan por ser más débiles.

- Por mucosidad en la nariz (debida a resfriado fuerte o gripe).
- Por estornudos demasiado fuertes.

Antes estas causas se pueden llevar a cabo varias acciones:

- Poner a la persona inclinada y sentada hacia adelante para que la sangre caiga.
- Taponar la nariz durante algunos minutos.

En caso de quemaduras

Las quemaduras pueden ocurrir en el interior de cocina debido a varias causas:

- Por manipular fuego de las hornillas.
- Por quemarse con el horno.
- Por quemarse con platos demasiado ardiendo calentados en el microondas.

No es probable que el alumnado sufra quemaduras pero, en cualquier caso, se deben conocer los procedimientos a llevar a cabo para tratarlas.

Por otro lado, puede originarse fuego debido a algún cortocircuito de electrodomésticos o por otras causas ajenas.

En caso de llamaradas o fuego, los pasos a seguir antes de trasladarlo al centro de salud o que acudan los servicios de emergencia, son los siguientes:

1. Apagar las llamas con un extintor (en caso de que las llamas no sean demasiado graves y puedan ser controladas).
2. Apagar las llamas de la víctima envolviendo con una manta.
3. Aliviar el dolor con agua fría no helada, pues podría provocar *shock.*
4. No curar las quemaduras en ningún caso con pomadas, fármacos o medicamentos u otros elementos.
5. No quitarle la ropa a la víctima, ya que la piel puede quedarse pegada a la ropa.

6. En caso de quemaduras en las manos o dedos hay que separar despacio cada dedo con una gasa.
7. En caso de quemaduras en la cara poner una gasa con agujeros en la nariz, boca y ojos para que pueda respirar.

Además de estos pasos, es importante mantener la calma en todo momento y tranquilizar a la víctima. Reaccionar rápido para que la víctima no sufra.

Nota

Las quemaduras pueden ser de primer, segundo y tercer grado.

En caso de esguinces

El esguince se produce cuando los huesos pierden el contacto en un momento determinado con las articulaciones. Los esguinces más comunes son los de tobillo, de rodilla o cervical.

Las causas más comunes de esguinces pueden ser: por resbalar en el comedor con algún alimento o agua, por llevar calzado inadecuado (con tacón) o por no apoyar adecuadamente los pies, por resbalar en los escalones.

Estos son los pasos a seguir para tratar un esguince hasta que la víctima sea trasladada a un centro hospitalario:

1. No mover la zona afectada.
2. Aplicar frío en la zona afectada (como bolsas de hielo).
3. Elevar la zona (colocar el pie en alto).
4. Vendar la zona para evitar que pueda moverse.
5. Mantener reposo.

Cuando ocurre un esguince de pie es aconsejable usar tobilleras en algunos momentos para transmitir calor a la zona afectada. También se pueden usar líquidos o pomadas antiinflamatorias para calmar el dolor y que baje la hinchazón.

En caso de esguince cervical se pueden utilizar mantas eléctricas de calor, fajas o cremas de calor.

Actividades

12. Imagine que un/a alumno/a está jugando a la pelota y se dobla un tobillo. Explique las acciones que llevaría a cabo.
13. ¿Por qué cree que puede producirse un esguince cervical?

En caso de fracturas

Una fractura es la rotura de huesos. Las fracturas de huesos se deben a golpes y caídas.

Estas son algunas de las formas de tratar una fractura antes de que lleguen los servicios sanitarios al comedor escolar o antes de que el lesionado sea trasladado:

1. No intentar colocar la fractura del hueso en su lugar (de un brazo, un dedo, etc.).
2. No comprimir la zona afectada y quitar todo aquello que pueda hacerlo.

Ante una fractura de un niño es importante no moverlo en ningún caso, ya que sus huesos son mucho más frágiles que los de un adulto.

Actividades

14. Imagine que un alumno está bajando las escaleras y se fractura un tobillo. Explique las acciones que llevaría a cabo.

En caso de ansiedad, pánico u otros estados

El comedor escolar abarca un gran número de alumnado, por lo que puede ocurrir que alguien sufra un ataque de ansiedad, pánico o angustia por sentirse estresado o agobiado.

En estos casos la víctima hiperventila, es decir, realiza una ventilación rápida y profunda, con una sensación de falta de aire que puede conducir a llantos, dolor de estómago, mareos, náuseas, etc.

Para tratar la hiperventilación se pueden llevar a cabo varias acciones:

1. Calmar a la víctima, hablarle de forma pausa, tranquila, decirle cosas positivas, acariciarle, etc. Nunca agobiarle ni ponerse demasiado cerca porque puede causarle mayor ansiedad.
2. Que intente hacer una respiración nariz-boca o juntar los labios y expulsar o inhalar el oxígeno poco a poco.

Hay personas a las que, debido al estrés de la vida cotidiana u otros problemas, les puede suceder esto, por lo que es aconsejable que la propia persona se centre en su respiración, intente calmarse por sí misma y piense en positivo para olvidar la situación que le provoque esa angustia.

Aplicación práctica

María es una niña con autismo. Un día se pone nerviosa por el ruido de comedor y se tira encima el plato de sopa muy caliente en las manos.

Explique qué hacer para curar las quemaduras de María y especifique de qué grado son.

SOLUCIÓN

Estas quemaduras son de primer grado, de tipo térmico. Se trata de una quemadura leve, por lo que habrá que ayudarle a sumergir las manos en agua fría para que se le enfríen los tejidos hasta que lleguen los servicios de emergencia a los cuales se ha llamado previamente.

4.2. Ubicación y contenido del botiquín

El botiquín de primeros auxilios debe estar ubicado cerca de comedor escolar o dentro del mismo. Debe estar bien señalizado.

Ejemplo

El típico botiquín de caja blanca con pegatina roja o verde de una cruz.

Un botiquín debería contener los siguientes elementos:

- Tijeras
- Tiritas
- Vendas
- Gasas

- Esparadrapo
- Guantes de látex
- Agua oxigenada
- Povidona yodada
- Termómetro

Dependiendo de la necesidad de cada centro, será conveniente que el botiquín disponga de más elementos.

5. Necesidades fisiológicas de un ACNEE

Las necesidades fisiológicas de un ACNEE hacen referencia a las enuresis y encopresis en cuanto al uso del WC y los servicios e instalaciones destinados a ello.

Recuerde

La enuresis es el control de la micción y la encopresis es la falta de control de las heces.

Para atender a estas necesidades en el centro escolar, se elabora un programa de autonomía e higiene personal. El objetivo principal de este programa en relación al control y atención de esfínteres es que el ACNEE indique con gestos o palabras sus necesidades fisiológicas.

En relación al uso de servicios, los contenidos a trabajar en el programa son los que se señalan a continuación:

- Sentarse correctamente en el WC.
- Usar el papel higiénico.
- Limpiarse tras realizar sus necesidades.
- Tirar de la cadena del WC.

- Bajar la tapadera del WC.
- Lavarse las manos tras realizar sus necesidades.

Estos contenidos son generales para trabajar de forma específica con el alumnado con necesidades especiales. A la hora de elaborar los objetivos y contenidos para un alumno concreto habrá que tener en cuenta las características del mismo.

5.1. Sistema de pasos en el uso del WC

El uso del WC se puede hacer en cualquier momento de horario de comedor, por lo que es muy importante que el alumno asimile muy bien los pasos a llevar a cabo.

El uso del WC implica algunas acciones que pueden ser complicados para el alumnado con falta de autonomía, poca movilidad o con problemas en la motricidad fina o gruesa.

En un primer momento el monitor/educador entrará al WC con el niño para ayudarle a desvestirse, sentarse en el WC o limpiarse, hasta que el alumno sepa realizar los pasos con total autonomía; en este caso, el monitor/educador siempre deberá esperar fuera del WC lo más cercano a la puerta, por lo que pueda requerir el niño o por seguridad para que no le ocurra nada.

A continuación, se muestran dichos pasos (que se ajustarán según la necesidad educativa especial que tenga el alumno):

1. **Abrir puerta del baño/encajarla:** es importante que sepan dar este primer paso para que tengan intimidad a la hora de usar el WC.
2. **Desvestirse:** cuando un alumno trae pantalón, el monitor/educador debe enseñarle cómo hacerlo. Después el niño debe bajarse el pantalón para proceder a sentarse en el WC. Si se trata de un pantalón que no tiene botón, tan solo tendría que bajárselo, si se trata de niñas con falda o vestido se lo tienen que levantar. El siguiente paso sería bajarse la ropa interior hasta las rodillas o los tobillos.

3. **Sentarse en el WC/hacer uso del mismo:** si se trata de un niño que quiere hacer pipí, los pasos serán distintos a los de una niña, dado que el niño lo hace de pie y la niña sentada. En caso de que quieran hacer otras necesidades, ambos deben sentarse.
4. **Coger papel higiénico:** es importante que sepan que no deben coger demasiado papel, sino lo justo y necesario y que deben usarlo siempre para mantenerse limpios.
5. **Limpiarse:** lo cual debe realizar el alumno (en el caso de que pueda).
6. **Vestido:** vestirse de forma ordenada. Primero la ropa interior y luego el pantalón, vestido o falda.
7. **Tirar de la cadena:** el alumno debe tirar de la cadena siempre que haga uso del WC para mantener limpio el mismo. Este paso se les suele olvidar, por lo que hay que recordárselo diariamente.
8. **Lavarse las manos:** el alumno deberá bajar la tapadera del WC, abrir la puerta e ir al lavabo a lavarse las manos.

Para que el alumnado asimile los pasos de forma adecuada es importante explicarle todo despacio y con la ayuda de las imágenes del sistema visual de apoyo.

Recuerde

El uso del WC supone más ayuda por parte del monitor/educador en algunos casos, ya que implica pasos de coordinación motora y tener una buena motricidad gruesa (para vestirse y desvestirse, abrochar o desabrochar botones, etc.).

Aplicación práctica

Felipe es un niño de 7 años con problemas motores graves. Está en silla de ruedas, no dispone de movilidad y su autonomía es mínima. No tiene adquirido el control de esfínteres, por lo que, en ocasiones, se orina encima.

¿Qué haría si Felipe se orinase en horario de comedor?

SOLUCIÓN

Para atender a Felipe habría que abandonar el comedor, por lo que habría que pedirle a un compañero de comedor o al coordinador que se hiciese cargo por un momento del ACNEE. Habría que acudir al cuarto de baño, levantar (con ayuda si es posible) a Felipe de la silla de ruedas y tumbarlo en la camilla para cambiarlo y limpiarle.

5.2. Trastorno de la eliminación

Se trata de enuresis o encopresis (hacer sus necesidades) de forma incontrolada, sin que se corresponde con la edad y sin que ocurra por problemas motores.

Ejemplo

Un niño de 12 años que se hace sus necesidades encima.

Ante este trastorno, el monitor/educador debe estar continuamente pendiente del niño para llevarlo al cuarto de baño o preguntarle constantemente si necesita acudir al mismo. En algunas ocasiones las familias optan por ponerles pañales, pero esto no es conveniente, ya que el niño debe ser educado para controlar dichas necesidades.

Este comportamiento del ACNEE supone un problema grave en la dinámica de comedor, horarios y rutinas, ya que el monitor/educador debe estar muy pendiente de este alumnado. Por otro lado, el expulsar excrementos en un comedor resulta incómodo para el resto de compañeros y suele conllevar a la discriminación social de estos niños.

Actividades

15. ¿Qué haría para evitar la discriminación social en un comedor escolar en el caso de un alumno expulsara sus excrementos en mitad del comedor por falta de control de esfínteres?

5.3. Recursos, materiales e instalaciones necesarias

Para atender a las necesidades fisiológicas del ACNEE es necesario contar con una serie de recursos personales, materiales e instalaciones adecuadas.

Recursos personales

El recurso personal que atiende al ACNEE en el comedor escolar y uso del cuarto de baño de forma directa es el monitor de educación especial, quien colabora en la elaboración y desarrollo de los programas de autonomía e higiene personal con el maestro de pedagogía terapéutica.

La presencia del monitor/educador en el comedor escolar es fundamental, ya que sirve de apoyo y guía al ACNEE.

El maestro de pedagogía terapéutica elabora los programas de autonomía e higiene personal, en colaboración con el monitor de educación especial.

Recursos materiales

Para atender a las necesidades fisiológicas del ACNEE en el comedor escolar son necesarios una serie de recursos materiales como pueden ser:

1. **Barras de sujeción:** destinado principalmente a alumnado con discapacidad motora o falta de autonomía. Estas sirven como punto de apoyo para sentarse o levantarse en el WC.
2. **Suelos antideslizantes:** instalados en el cuarto de baño para evitar que el alumnado se resbale o para que las sillas de ruedas tengan sujeción al suelo.
3. **Camillas de cambiado:** destinado a alumnado con un déficit intelectual inferior a tres años que no dispone de autonomía y depende de otras personas para que le cambie los pañales, braguitas, ropa, etc., (por ejemplo, el alumnado con problemas basales).
4. **Sistemas visuales de apoyo:** como sistemas visuales de cepillado de dientes, uso del WC y lavado de manos que sirvan de guía de aprendizaje a través del uso de imágenes y pictogramas.
5. **Otros materiales:** toallas, ropa de sustitución (para aquel alumnado que por alguna causa no disponga de ropa para cambiarse), toallitas, polvos de talco (para alumnado que usa pañales y necesite que las irritaciones de la piel que tengan sean curadas), jabón de manos o dispensador, pasta de dientes, papel higiénico... Los cepillos de dientes y de pelo, debe traerlo el alumnado que se quede guardado en el colegio en algún mueble o puede traerlo cada día en un neceser.
6. **Silla de ruedas:** para trasladar al alumnado en caso de emergencia por una necesidad fisiológica desde el comedor u otra dependencia al cuarto de baño.

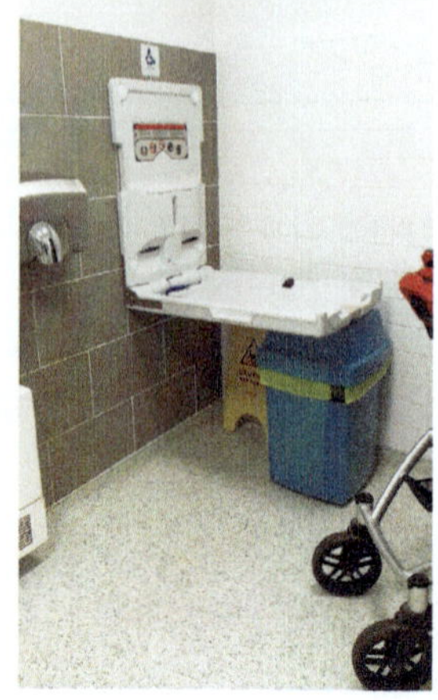

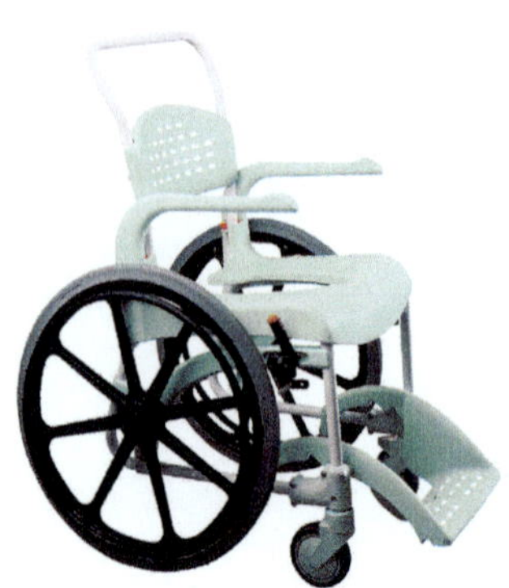

Recursos materiales para atender al ACNEE

Estos son algunos ejemplos de los recursos materiales que puede requerir un centro escolar para atender las necesidades fisiológicas del alumnado. Sin embargo, cada centro podrá disponer de más o menos recursos, dependiendo de las características del centro, del tipo de alumnado al que atienda con discapacidad, de las instalaciones, etc.

Instalaciones

La instalación fundamental para que el alumnado pueda hacer sus necesidades fisiológicas es el cuarto de baño. Este debe disponer de una serie de utensilios para que el alumnado haga sus necesidades:

- **WC:** este puede ser de altura regulable para el alumnado en silla de ruedas.
- **Lavabo:** estos también pueden ser de altura regulable para facilitar que al alumnado en silla de ruedas pueda lavarse mejor.

El cuarto de baño debe ser un lugar limpio, cómodo e íntimo y de uso común, donde todo el alumnado debe respetar las normas de uso e higiene.

En un centro con ACNEE, las puertas de las dependencias deben ser anchas o dobles para permitir el paso del alumnado en silla de ruedas; resulta aconsejable que el cuarto de baño sea un espacio lo suficientemente grande para albergar a varios alumnos/as.

Algunos centros escolares disponen de aulas específicas, por lo que disponen también de un cuarto de baño destinado al alumnado de esta aula. El cuarto de baño de las aulas específicas se encuentra normalmente fuera del aula para que el monitor de educación especial pueda atender en el mismo al alumnado que lo requiera sin interrumpir la dinámica de la clase.

Nota

En los centros educativos no deben existir barreras arquitectónicas con objeto de poder atender de manera adecuada al ACNEE.

6. Interacciones y comportamiento del ACNEE en el comedor escolar

Ya se han analizado los tipos de problemas de conducta más comunes que pueden existir en un centro escolar.

Ahora se van a analizar las actuaciones que deben llevarse a cabo ante problemas contractuales como trastorno de la conducta, trastorno negativista desafiante, trastorno disosial o hiperactividad, los cuales conducen a una serie de comportamientos inadecuados, ruptura de la estabilidad, problemas a la hora de establecer rutinas, etc.

Las conductas disruptivas deben ser eliminadas o modificadas por otras complementarias y positivas, educando al alumno de la forma más integradora y normalizadora posible, para ello se pueden implementar las técnicas de resolución de conflictos que se especifican a continuación.

Recuerde

Los problemas conductuales se pueden manifestar a través de rabietas, depresión, conductas desafiantes, incumplimiento de órdenes y de normas sociales establecidas.

6.1. Técnicas de modificación o eliminación de conducta

En los casos de problemas de conducta, el ACNEE suele tener una autoestima baja favorecida por problemas externos que repercuten en su comportamiento –relacionados con la discapacidad o con las relaciones con el entorno social, escolar o familiar–. Por ello, presentan una serie de necesidades como:

1. Necesidad de desarrollar sus habilidades sociales para mejorar su comunicación social y su actitud.
2. Necesidad de recibir reforzadores positivos (como elogios y abrazos) para mejorar su autoestima.
3. Necesidad de controlar sus impulsos y emociones agresivas e indisciplinadas.
4. Necesidad de reforzar las conductas alternativas de carácter positivo.

Estas necesidades son mencionadas de forma generalizada, por lo que hay que tener en cuenta en todo momento cada caso, cada alumno/a, así como analizar las causas y consecuencias de cada problema conductual para evaluar, diagnosticar y tratar al alumno según las necesidades específicas e independientes que presente.

Para trabajar los problemas de conducta se puede llevar a cabo un programa socioafectivo, que incluye las técnicas de resolución de conflictos.

Este programa está destinado a modificar o eliminar las conductas disruptivas y favorecer la autoestima del alumnado.

El programa socioafectivo, en relación a las técnicas de resolución de conflictos, debe trabajarse de forma diaria a través de diferentes estrategias, tanto en el hogar como en el colegio. Este debe ser llevado a cabo tanto por los diferentes profesionales que atiende al ACNEE como por la familia.

Para establecer un seguimiento del ACNEE con problemas conductuales se puede trabajar con un cuaderno de comunicación en el que todos los profesionales y la familia intercambian información sobre los progresos, problemas y observaciones de forma diaria con el alumno.

Recuerde

El objetivo de la intervención en los problemas de conducta no puede ser solo la supresión de dicha conducta sino la educación, en el sentido de facilitar al niño nuevas formas de comunicarse con los demás de forma eficaz.

Para trabajar los problemas conductuales de forma individualizada se llevarán a cabo las siguientes técnicas o estrategias que se describen a continuación.

Mejora de la autoestima

Como se ha mencionado anteriormente, el ACNEE suele tener una baja autoestima. Por ello, es importante trabajar este aspecto dado que una baja autoestima conduce en ocasiones a depresión y frustración y, por tanto, a conductas negativas y desafiantes.

Los bloques de contenidos y actividades que se pueden desarrollar en relación a la mejora de la autoestima son los siguientes:

1. Hacer y recibir cumplidos. Cuando el alumno realice alguna actividad, algún logro, avance o mejora se pueden utilizar reforzadores positivos, cumplidos o elogios como: premios, aplaudir, decirle que va muy bien, motivarle con las palabras (por ejemplo: "eres un campeón", "qué bien trabajas", "muy bien").
2. Expresión de sentimientos y opiniones personales: lo cual se puede hacer a través de palabras cariñosas (como decirle que es el mejor de todos, que le quieres, que es guapo, darle abrazos, besos).
3. Hacer que se sienta importante: por ejemplo, nombrarle encargado de mesa de comedor, hacer que realice tareas importantes o que le gusten relativas a la interacción con el resto de alumnado. Asignarle tareas fáciles para que sienta que realiza bien las cosas, en relación a lo que el alumno sea capaz de hacer.

Estos contenidos son algunos de los que se pueden llevar a cabo. Siempre hay que tener en cuenta al alumno en concreto y no olvidar lo que le gusta o no hacer, sus intereses e inquietudes.

Actividades

16. ¿Qué acciones llevaría a cabo para mejorar la autoestima de un/a alumno/a?

Modificación o eliminación de las conductas disruptivas

Para eliminar o modificar las conductas negativas se pueden efectuar diferentes estrategias. Algunas de ellas son las siguientes:

1. **Economía de fichas:** esta técnica consiste en usar reforzadores positivos o negativos. Esos reforzadores pueden estar relacionados con premios que le gusten especialmente al alumno. Por ejemplo, si el alumno hace algo bien, se le pueden dar chuches, pegatinas, dibujos y si el alumno hace algo mal se le pueden suprimir los premios, castigarle sin jugar o sin recreo. Se puede usar la gamificación para motivar a este alumnado y que así disminuya la conducta disruptiva.
2. **Mural de normas de comportamiento:** este mural consiste en asimilar conductas positivas a través de imágenes, fotografías o pictogramas. Este mural debe trabajarse de forma diaria para recordarle al alumno las normas de comedor, aula, centro o casa. En relación a las normas de comedor estas pueden ser las siguientes:

    - **Lavarse las manos:** debe realizarse antes de entrar al comedor.
    - **Sentarse correctamente:** este punto es importante reforzarlo cada día para que el alumnado adquiera un control postural adecuado a la hora de comer.
    - **Comer solo:** para intentar que adquiera autonomía.
    - **Comer con la boca cerrada:** puede resultar incómodo para el resto si no lo cumplen.
    - **Dar las gracias:** deben conocer normas sociales en la mesa y respetar a los demás.
    - **Comérselo todo o probarlo:** hay alumnado que no come adecuadamente porque no le gusta o porque lo utiliza como conducta desafiante, por lo que deben saber que al menos hay que probar la comida.
    - **Coger bien los cubiertos:** el alumnado debe saber cómo coger los cubiertos de forma adecuada.
    - **Pedir las cosas por favor:** deben aprender las normas sociales establecidas a la hora de comer.
    - **Mantener el comedor limpio:** el alumnado con cierto grado de autonomía debe saber que el comedor es un lugar que hay que mantener

limpio y ordenado. Por eso no pueden tirar la comida al suelo, ni jugar con la misma, no derramarán líquidos, mantendrán la mesa limpia, tirarán las cosas a la basura cuando hayan acabado de comer (como papel, ya que el resto debe tirarlo el monitor/educador porque está prohibido que el alumnado se levante para tirar desperdicios de alimentos, poner la mesa o quitarla).

- **Estar limpios:** el alumnado debe saber que su ropa no puede mancharse demasiado.

Existen más tipos de técnicas de modificación o eliminación de conducta. Cada profesional puede llevar a cabo la que vea más conveniente dependiendo de las conductas negativas que manifieste el niño.

Por otro lado, existe una serie de técnicas de resolución de conflictos que se pueden trabajar de forma grupal con el alumnado.

Actividades

17. Explique otras técnicas de modificación o eliminación de conducta diferentes a las mencionadas.

6.2. Técnicas de resolución de conflictos

Las técnicas de resolución de conflictos se llevan a cabo para eliminar las conductas disruptivas del alumnado y para que se establezcan relaciones sociales y de comunicación adecuadas con el resto de alumnado.

En el comedor escolar puede haber alumnado que no tenga un comportamiento adecuado con el resto, por eso, las técnicas de resolución de conflictos deben estar centradas en los siguientes valores:

1. **Respeto:** porque el ACNEE debe respetar a su grupo de iguales y al monitor/educador a través de una serie de normas sociales establecidas. Y respecto al resto de alumnado, este debe tomar conciencia y ser respetuoso con el alumnado con necesidades especiales; ser conscientes de que comparten experiencias con alumnado con discapacidad al cual deben tratar del mismo modo que al resto de compañeros.
2. **Tolerancia:** todo el personal y el alumnado que acude a comedor debe aprender a convivir bajo un clima de convivencia escolar adecuado, siendo tolerantes con las diferencias individuales de cada persona.
3. **Compañerismo:** el compañerismo conlleva ayudar a los demás, ser respetuoso y tolerante. La presencia de ACNEE en el comedor escolar implica la interacción constante de los especialistas dedicados a la atención de este alumnado y además implica que el resto de alumnado pueda relacionarse con el ACNEE para jugar, ayudarles o comunicarse.

El espacio de comedor debe ser un lugar donde todos estos valores se desarrollen de una forma u otra.

7. Resumen

Ante las posibles situaciones negativas relacionadas con la salud que se produzcan en el ACNEE y que provengan de intolerancias, alergias o enfermedades hay que prestar atención a los síntomas, causas y consecuencias que conllevan las mismas.

Por otro lado, es importante conocer las técnicas de primeros auxilios en caso de que se produzca una reacción alérgica o algún accidente grave.

Para ello, el personal de comedor debe estar cualificado y formado en dichas técnicas porque puede suponer salvar una vida en un momento dado. Además, es importante que conozca las características del alumnado con alergia que hay en el comedor para prevenir cualquier posible accidente por alergia u otros motivos.

Aparte de estas contingencias relacionadas con la salud, se pueden dar otras situaciones causadas por comportamientos inadecuados del ACNEE, como son las conductas negativas o desafiantes, con lo cual el personal que atiende a este alumnado debe conocer las técnicas de resolución de conflictos para paliar posibles dificultades de comportamiento del alumnado o alteraciones que desemboquen en el resto, además de conocer las características de estos comportamientos y analizar las causas y contextos de cada alumno para tratar cada caso de una forma personal, individualizada y flexible.

Ejercicios de repaso y autoevaluación

1. De las siguientes frases, indique cuál es verdadera o falsa.

a. Una enfermedad alimentaria se contrae por el consumo de alimentos que contengan microorganismos patógenos y causan enfermedades en el sujeto.

- ☐ Verdadero
- ☐ Falso

b. Una alergia se produce cuando el organismo tiene diversas reacciones ante la ingestión de alimentos o ante algunos compuestos que contengan.

- ☐ Verdadero
- ☐ Falso

c. Algunos de los síntomas de una alergia son vómitos, diarreas, picores, irritación de la piel y desmayos.

- ☐ Verdadero
- ☐ Falso

2. Relacione los siguientes bloques con su contenido correspondiente:

a. Síntomas de alergia en el estómago.
b. Síntomas en la piel.
c. Síntomas en la respiración.

__ Ahogo, asfixia, mucosidad, estornudos.
__ Inflamación, picores, color rojizo.
__ Náuseas, vómitos, diarreas.

3. Los tipos de alergias que pueden existir en comedor escolar pueden ser:

a. Alergia a la proteína de leche de vaca, al huevo, al pescado, a las frutas, a las hortalizas, a los cereales.
b. Alergia a la proteína de leche de vaca, al huevo, al pescado, a las frutas, a las hortalizas, a los cereales y al marisco.
c. Alergia a la proteína de leche de vaca, al huevo, a la carne, a las frutas.
d. Alergia a la proteína de leche de vaca, al huevo, a la carne.

4. Busque en la siguiente sopa de letras algunas de las enfermedades alimentarias.

S	A	L	M	O	N	E	L	A	E
H	A	A	B	C	D	E	F	G	U
Y	E	E	T	O	L	P	W	R	L
G	B	O	T	U	L	I	S	M	O
E	Q	E	C	B	H	T	O	P	D
L	H	E	P	A	T	I	T	I	S
O	S	E	Q	C	B	T	O	L	P
S	Ñ	E	R	T	C	A	Q	M	Z
I	A	B	H	F	R	E	Q	T	O
S	A	D	E	O	P	W	Q	G	P

5. ¿Cuáles son las causas de la gastroenteritis?

6. **Complete la siguiente oración:**

La dieta exenta en huevo consiste en suprimir los alimentos con __________. Los alimentos más comunes en un comedor escolar con huevo son: tortilla de patatas, francesa, de calabacín, ______________ con trazas de huevo.

7. **Enumere qué alimentos se pueden incluir en una dieta exenta de carne de cerdo.**

____
____
____
____

8. **En caso de que el alumnado sufra un accidente, los consejos de actuación ante un accidente son:**

   a. Llamar a los servicios de emergencia, calmar al alumno/a, protegerle con una manta, dar de beber al accidentado.
   b. Llamar a los servicios de emergencia, calmar al alumno/a, protegerle con una manta, llamar a la familia.
   c. Llamar a los servicios de emergencia, calmar al alumno/a, protegerle con una manta, llamar a la familia, calmarle.
   d. Llamar a los servicios de emergencia, calmar al alumno/a, llamar a la familia.

9. **Indique cuál de las siguientes frases no es cierta:**

   a. En caso de reconocimiento de signos vitales hay que llevar a cabo las siguientes acciones: comprobar si está consciente, su respiración y pulso.
   b. En caso de obstrucción de las vías aéreas, las acciones son: revisar si tiene algún elemento en la boca e introducirle los dedos en la boca.
   c. En caso de parada cardíaca habrá que: realizar el boca a boca y masaje cardíaco.

10. **Especifique las acciones a llevar a cabo ante una quemadura de tercer grado.**

____
____

11. **Enumere el contenido general del botiquín y otros elementos que pueda contener.**

____
____
____
____

12. **Explique los recursos materiales necesarios para atender a las necesidades fisiológicas del alumnado.**

____
____
____
____

13. **¿Cómo se llama el programa que incluye las técnicas de resolución de conflictos?**

____
____
____
____

14. **Indique la opción correcta. Para trabajar la modificación o eliminación de conducta, se pueden llevar a cabo estrategias como...**

    a. ... la mejora de la autoestima, la economía de fichas y mural de normas de comportamiento.
    b. ... la mejora de las habilidades sociales y la comunicación.

15. **Explique los valores trabajados en la resolución de conflictos.**

____
____
____
____

Bibliografía

Monografías

- CUXART, F.: *El autismo. Aspectos descriptivos y terapéuticos.* Archidona: Editorial Aljibe, 2000.

- GALLARDO, M. V. y SALVADOR, M. L.: *Deficiencia motora: aspectos psicoevolutivos y educativos.* Archidona: Editorial Aljibe, 1994.

- MARCHESI, A., COLL, C. y PALACIOS, J.: *Desarrollo psicológico y educación.* Madrid: Editorial Alianza, 2017.

- MOLINA García, S.: *Deficiencia mental, aspectos psicoevolutivos y educativos.* Archidona: Editorial Aljibe, 2002.

Textos electrónicos, bases de datos y programas informáticos

- Asociación de inspectores de educación, de: <http://www.adide.org>.

- Comedores escolares, de: <https://www.educa.jcyl.es/es/varios/servicios/comedores-escolares>.

- GARCÍA, S., GARROTE, D. y JIMÉNEZ, S. Uso de las TIC en el Trastorno de Espectro Autista. *Revista mediática y TIC,* de: <https://www.uco.es/ucopress/ojs/index.php/ edmetic/article/view/5780/5409>.

Intoxicaciones alimentarias en niños, de: <https://saposyprincesas.elmundo.es/consejos/salud-infantil/intoxicaciones-alimentarias/>.

MARTÍNEZ, D. *E-learning* en la educación universitaria como herramienta para personas con discapacidad auditiva, de: <https://journals.epistemopolis.org/index.php/tecnologiasedu/article/view/401/399>.

Portal de educación de la Junta de Andalucía. Necesidades Específicas de Apoyo Educativo Materiales y recursos específicos, de: <http://www.juntadeandalucia.es/educacion/webportal/web/escuela-de-familias/neae/necesidades-educativas-especiales>.